ADEILSON SALLES

CATANDUVA SP 2020

LÉON ★ DENIS
FALA AOS JOVENS

> INSTRUAMOS A JUVENTUDE, ESCLAREÇAMOS SUA INTELIGÊNCIA; MAS, ANTES DE TUDO, FALEMOS AO SEU CORAÇÃO
> – LÉON DENIS
>
> [DEPOIS DA MORTE, CAP. 54. CELD.]

SUMÁRIO

P
PREFÁCIO
14

A
APRESENTAÇÃO
PENSAMENTOS DE LÉON DENIS
18

1
ALMAS GÊMEAS
24

2
A BELEZA DA VIDA
30

3
O ESSENCIAL
É VISÍVEL
AO CORAÇÃO
34

4
A LUZ JUVENIL
38

5
MISSÕES JUVENIS
42

6
AMORES JUVENIS
46

7
AMOR DE DEUS
50

8
DOWNLOAD DE LUZ
54

9
ACAMPAMENTO
58

10
MUTANTES
62

11
ESCOLA DO UNIVERSO
66

12
FONTE INESGOTÁVEL
70

13
ROTEIRO DE DEUS
74

14
JUNTANDO PARTES
78

15
SEMENTE
82

16
ETAPAS
86

17
O PODER DO AMOR
90

18
LIBERDADE
94

19
AMAR
98

20
REBELDE COM CAUSA
102

21
CIDADE DE DEUS
106

22
CICLOS
110

23
PÓDIO DE CHEGADA
114

24
SEGREDO
118

25
CALMA
122

26
"AMORLESCENTE"
126

27
ACEITAR-SE
130

28
MUTAÇÃO SEXUAL
134

29
EMPODERAMENTO PELO AMOR
138

30
VIAGEM BREVE
142

31
PALCO DA VIDA
146

32
TRANSFORMAÇÕES
150

33
A PRECE
154

34
CONSTRUINDO PONTES
158

35
LAÇOS IMORTAIS
162

36
AMOR FRANCISCANO
166

37
A ATRAÇÃO CELESTE
170

38
ENCANTAMENTOS
174

39
TOLERÂNCIA
178

40
CHAMA DA VIDA
182

41
DNA DE DEUS
186

42
RODA DA VIDA
190

43
JOVEM LAVRADOR
194

44
AMOR × ÓDIO
198

45
SALA DE AULA
202

46
JESUS REVOLUCIONÁRIO
206

R
REFERÊNCIAS
214

PREFÁCIO

Há um momento da vida em que os pais deixam de ser "heróis", os questionamentos se tornam mais frequentes, os hormônios entram em ebulição, e nos deparamos com o maior desafio de nossas existências até então: acionar o aplicativo da autonavegação. Essa transição da infância para a juventude – quando o legítimo sonho de liberdade e autonomia começa a ganhar força – tem tudo para ser uma aventura emocionante e inesquecível. Para isso, vale muito ouvir a voz da experiência, de quem já passou por isso sem perder a juventude da alma, o brilho no olhar e o bater do coração na frequência da saudável e necessária inquietação. Ah, tudo isso com a mente aberta, porque não há nada mais velho e ultrapassado do que os preconceitos, o autoritarismo de qualquer viés, a imposição de ideias e comportamentos sem diálogo ou respeito por quem pensa diferente.

Adeilson é um jovem de 60 anos. Não conheço ninguém que se comunique melhor com a garotada do que esse paulista de fala suave, com sua indefectível boina, que aborda com absoluta naturalidade temas sensíveis às novas gerações como sexo, drogas, redes sociais, solidão, suicídio, entre outros assuntos que muitos pais ou responsáveis (ou coordenadores de grupos jovens por aí) evitam ou não sabem como abordar em casa.

A empatia de Adeilson para com os jovens é confirmada pela legião de leitores e admiradores mirins que sofrem com o abismo geracional que os separam dos mais velhos. Ele constrói pontes onde muralhas bolorentas têm causado imensos estragos.

Para nossa sorte, Adeilson é espírita. O conhecimento da doutrina associado à sua militância em favor desse segmento permite que muitos jovens tenham o privilégio de acessar maravilhosos *insights* sobre essa filosofia espiritualista de forma clara e objetiva, oxigenada e moderna.

Adeilson se apropria do pensamento de Léon Denis – aquele com quem a espiritualidade maior contava para a hercúlea tarefa da codificação caso Kardec não desse conta do recado – para construir saborosas reflexões. É banquete para todos os paladares, com pitadas de humor, generosas porções de sabedoria, e amor à gosto. Recomendamos essa nutritiva degustação aos jovens de todas as idades, que mantêm a mente aberta e a curiosidade aguçada, como Kardec tanto defendia.

O estilo de Adeilson pode surpreender aos que acham que toda literatura espírita para o segmento infantojuvenil deve obedecer a padrões convencionais (portanto, previsíveis) de "evangelização" ou "doutrinação".

Uma das razões pelas quais o déficit de jovens nas instituições espíritas em boa parte do Brasil vem despertando tanta preocupação é a incapacidade de ouvir o que essa garotada tem pra dizer, e falar algo que faça sentido para ela. Em uma palavra: *comunicação*!

Adeilson empresta o seu talento na comunicação com os jovens para ajudá-los a crescer, realizar suas escolhas com discernimento, não ter medo de arriscar e fazer da vida uma aventura que valha a pena. Tudo isso com delicadeza e respeito. É bem-vinda a obra por alcançar lindamente o seu objetivo.

ANDRÉ TRIGUEIRO

Jornalista com pós-graduação em Gestão Ambiental pela COPPE/UFRJ, onde leciona a disciplina Geopolítica Ambiental; professor e criador do curso de Jornalismo Ambiental da PUC-Rio. Editor-chefe do "Cidades e Soluções" e comentarista do "Estúdio i", na *GloboNews*; articulista do *G1*. Comentarista da *Rádio CBN-Rio* e colaborador voluntário das rádios espíritas *Rio de Janeiro*, *Boa Nova* e *Fraternidade*. Ganhador de diversos prêmios. Autor de livros de sucesso: *A força do um*; *Cidades e soluções*; *Viver é a melhor opção*; *Mundo sustentável* [vols. 1 e 2]; *Espiritismo e ecologia*; e *Meio ambiente no século 21*.

Adeilson se apropria do pensamento de Léon Denis para construir saborosas reflexões. É banquete para todos os paladares, com pitadas de humor, generosas porções de sabedoria, e amor à gosto. Recomendamos essa nutritiva degustação aos jovens de todas as idades.

APRESENTAÇÃO
PENSAMENTOS DE LÉON DENIS

É possível que alguém venha a indagar:
— Léon Denis fala aos jovens?

Responderei, perguntando com alegria e convicção:
— Quem melhor do que um jovem pensador e filósofo como ele para interpretar os sonhos e o mundo juvenil?

A juventude anda confusa nos dias atuais, e necessita de referências que tragam identidade e uma marca revolucionária confiável.

Jovens de todos os tempos podem se identificar plenamente com os grandes pensadores da história humana. Léon Denis é um desses casos, pois prega a rebeldia pela educação e a atitude de pensar. Ele ensina o amor a Deus pelo pensamento. Concebe o Criador pela razão.

Para muitos, o rebuscamento das palavras jamais permitirá que os jovens do atual mundo tecnológico se identifiquem com esse apóstolo do espiritismo.

Novamente, discordo, pois Léon Denis não escreveu para corpos perecíveis nem pregou para transitórias vidas humanas.

Seu legado é para o Espírito imortal e, portanto, tem suas bases na natureza, nas leis naturais que regem a vida na Terra.

Tanto quanto a lei da gravidade, que não pode ser modificada neste planeta, a obra de Léon Denis

se baseia também nas leis naturais; mas, diferentemente da lei de Newton, que atua na dimensão material, os ensinamentos que dão continuidade ao trabalho de Allan Kardec revelam as leis que interagem nas duas dimensões, a material e a espiritual.

Não tenho a presunção de esgotar e interpretar todo o pensamento de Léon Denis, mas posso ousar contextualizar alguns ângulos de seu pensamento, que palidamente conseguimos vislumbrar, para os jovens destes tempos de transição.

Léon Denis era ousado, como todo jovem, e carregava em si o desejo de transformar o mundo, como todo coração juvenil.

Sua obra é tal qual uma fonte que jorra luz sem cessar, e o jovem moderno está em um deserto escuro, desejando e necessitando a luz do pensamento de Kardec, consolidado por Léon Denis.

O caminho para o amor passa pela educação que dá sentido à vida, e a obra desse mestre faz com que os que têm sede de luz descubram o sol que carregam dentro de si.

Educar é isso: passar longe das ideias catequistas, pois, diferentemente do que se pensa, quem educa deve provocar, incomodar.

Educadores como Léon Denis tiram os acomodados do lugar-comum.

Quem se permite pensar, e pensa com o jovem Léon, perde a paz ociosa, improdutiva.

A vida, nos ensina Léon Denis, é um concerto divino, em que cada qual manuseia o próprio instrumento e compõe sua canção.

Então, jovens, vamos compor uma nova canção de fé, pois todo jovem tem esperança no olhar e carrega em si o protagonismo de um tempo novo.

A banda Legião Urbana cantava, na voz de Renato Russo, a música que virou hino para os jovens de todos os tempos:

Há tempos
[...]
E há tempos
Nem os santos têm ao certo
A medida da maldade
E há tempos são os jovens
Que adoecem
E há tempos
O encanto está ausente
E há ferrugem nos sorrisos
Só o acaso estende
   os braços
A quem procura
Abrigo e proteção

Meu amor!
Disciplina é liberdade
Compaixão é fortaleza
Ter bondade é ter coragem
Lá em casa tem um poço
Mas a água é muito limpa

Na primeira metade do século XX um "jovem" pensador francês deixou escrito no livro *O problema do ser e do destino* para os corações juvenis imortais de todos os tempos:

Não há abismo que o amor não possa superar.
[parte 3 – As potências da alma, cap. 27. CELD.]

Apresento neste livro alguns pensamentos de Léon Denis, contextualizados para a juventude.

ADEILSON SALLES

JOVENS DE TODOS OS TEMPOS PODEM SE IDENTIFICAR PLENAMENTE COM OS GRANDES PENSADORES DA HISTÓRIA HUMANA. LÉON DENIS É UM DESSES CASOS, POIS PREGA A REBELDIA PELA EDUCAÇÃO E A ATITUDE DE PENSAR. ELE ENSINA O AMOR A DEUS PELO PENSAMENTO. CONCEBE O CRIADOR PELA RAZÃO.

ALMAS GÊMEAS

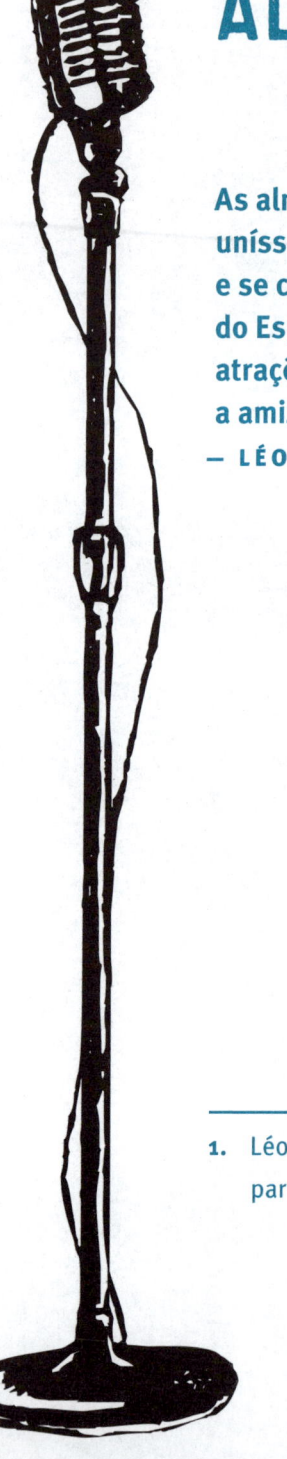

As almas que vibram em uníssono se reconhecem e se chamam, através do Espaço; daí, as atrações, as simpatias, a amizade, o amor!
— LÉON DENIS[1]

Nossas afinidades com os corações amados ultrapassam os limites de nosso corpo físico.

Sabe quando você se identifica mais com o colega na escola do que com o seu próprio irmão? Ou com aquela pessoa que você mal acabou de conhecer e com quem já rola uma química misteriosa? Pois é, eles são Espíritos afins.

Léon Denis tinha uma ideia clara sobre tudo isso, e na frase de abertura deste texto ele nos explica como nos reconhecemos, muitas vezes, em outras pessoas sem

---

1. Léon Denis. *O problema do ser e do destino*, parte 1 – O problema do ser, cap. 8. CELD.

nem ter sido necessário muito tempo para que uma lealdade incrível nascesse.

É aquela história de estar na mesma *vibe*, na mesma sintonia quanto a sentimentos e ideais.

São conexões que foram se estabelecendo ao longo dos séculos por encontros e vivências em conjunto.

Algumas situações que parecem inexplicáveis podem ser muito bem compreendidas quando usamos a lente do espiritismo e refletimos juntamente com mentes privilegiadas como a de Léon Denis.

O amor verdadeiro, aquele que nos une definitivamente e se mantém inquebrantável pelas vidas sucessivas, é construído à medida que os corações criam esses laços vibratórios.

É como um laço invisível que fica atado nos corações que se amam.

E mesmo aquelas pessoas com as quais a afinidade não acontece, pelo menos nesse momento, isso acontecerá um dia. Aquele professor que te tira do sério, aquela garota esnobe que nunca te deu atenção. Aquele garoto que se acha o tal e que gosta de humilhar os outros.

Com todas as pessoas com as quais não temos nenhuma afinidade um dia também desenvolveremos laços de amor, desejando mantê-las próximas de nós.

Pode acontecer que dentro de uma família existam barreiras intransponíveis nesse momento; dificuldades entre pais e filhos, irmãos que não se suportam e coisas assim.

Sem dúvida, é muito complicado lidar com algumas situações, mas não se esqueça de que ninguém está ao lado de outra pessoa nessa escola chamada família sem que as leis divinas tenham contribuído para isso.

Por mais que o relacionamento lhe pareça complicado e sinistro ele se encaminha para o desenvolvimento da sintonia que Léon Denis revela na frase de abertura deste tema.

O tempo passará e surgirá a simpatia, depois virão a sintonia e a amizade, que se fortalecerão no amor que eclodirá no momento certo.

Quando estivermos ao lado de pessoas com as quais temos dificuldade em conviver, aproveitemos o momento para desenvolver a tolerância, porque chegará o dia em que aprenderemos a amar mesmo aqueles que em algum instante nos prejudicaram.

Nem sempre é fácil aceitar certas coisas em sala de aula. Nem sempre é fácil aceitar algumas coisas em família. Mas aproveite a oportunidade que a vida te oferece.

Quando as montanhas de dificuldades aumentarem à sua frente é possível que uma dessas pessoas que nunca te ofereceram nada cruze o seu caminho e te ajude a prosseguir. É assim que a amizade nasce; é desse jeito que o amor surge em nosso coração.

Quando o amor é pleno ele não se limita aos casais; daí não existirem almas gêmeas que viverão umas para as outras isoladamente.

O amor a que se refere Léon Denis, aquele que germina nas almas ao longo dos séculos, é o amor da comunhão universal que um dia unirá todos os filhos de Deus.

As almas que vibram em uníssono se reconhecem e se chamam, através do Espaço; daí, as atrações, as simpatias, a amizade, o amor!
— LÉON DENIS

QUANDO AS M
DIFICULDADE
A SUA FRENTI
QUE UMA DES
QUE NUNCA T
NADA CRUZE
E TE AJUDE A
E ASSIM, QUE
NASCE, É DES

QUANDO AS MONTANHAS DE DIFICULDADES AUMENTAREM À SUA FRENTE É POSSÍVEL QUE UMA DESSAS PESSOAS QUE NUNCA TE OFERECERAM NADA CRUZE O SEU CAMINHO E TE AJUDE A PROSSEGUIR. É ASSIM QUE A AMIZADE NASCE; É DESSE JEITO QUE O AMOR SURGE EM NOSSO CORAÇÃO. QUANDO O AMOR É PLENO ELE NÃO SE LIMITA AOS CASAIS.

A BELEZA DA VIDA

O Universo não pode falhar. Seu objetivo é a beleza; seus meios, a justiça e o amor.
— LÉON DENIS[2]

Muitos jovens se afastam das religiões porque só conseguem enxergar Deus pela óptica dessas mesmas religiões quanto à divindade.

Deus ultrapassa toda a nossa compreensão, e ainda estamos longe de compreender a sua essência.

Léon Denis afirma que o Universo não pode falhar, e, na verdade, ele não falha, porque é regido por leis naturais e imutáveis que atestam a grandeza de Deus.

---

2. Léon Denis. *O problema do ser e do destino*, parte 1 – O problema do ser, cap. 10. CELD.

2

Quando Denis fala que o objetivo do Universo é a beleza ele se refere ao amor, pois o amor é belo.

Não se trata da beleza plástica de ser feio ou bonito, porque os conceitos de beleza são variáveis, iguais à expressão delta-t que você aprende na aula de física.

As leis universais são a expressão do amor; por isso, as palavras "pecado" e "castigo" não fazem parte do vocabulário divino.

Até mesmo a dor, que julgamos ser a manifestação de um lado doentio da vida, é a expressão de algo que foge à beleza proposta pelo Criador.

Podemos dizer, então, fazendo coro com Léon Denis, que tudo o que promove o bem se identifica com a beleza de Deus.

A vida é bela; a morte é a transformação para a beleza da imortalidade.

As enfermidades são experiências que aperfeiçoam a beleza da alma.

Dessa forma, quando nossos comportamentos são viciosos, eles estão refletindo os traços inacabados e borrados de um anjo em construção.

Somos esses anjos em construção, esculturas que vão sendo moduladas de acordo com nossas próprias escolhas.

Esculpimos nossos destinos, trilhamos os caminhos que desejamos.

A escultura evolutiva leva milênios para estar pronta e revelar a beleza de Deus em nós.

O maravilhoso de sua juventude é que dentro de seu coração juvenil cabem todos os sonhos do mundo.

Deus vê o belo em todo jovem, e o encanto está na compreensão de que se deve viver a fase juvenil com todos os encantos que ela revela.

O universo juvenil é belo quando o jovem é humano e não tenta viver uma santidade feia que esconde o jovem aprendiz.

Um jovem que sorri, que ama, que cai, que sofre e chora, mas que sonha, é um ser adolescentemente divino trazendo alegria e esperança para o mundo.

A beleza de Deus sempre estará lado a lado com o que é justo e amoroso.

Toda maldade no coração humano é obra inacabada em que o Divino Escultor talhará a beleza do Evangelho.

ESCULPIMOS NOSSOS DESTINOS, TRILHAMOS OS CAMINHOS QUE DESEJAMOS. A ESCULTURA EVOLUTIVA LEVA MILÊNIOS PARA ESTAR PRONTA E REVELAR A BELEZA DE DEUS EM NÓS. UM JOVEM QUE SORRI, QUE AMA, QUE CAI, QUE SOFRE E CHORA, MAS QUE SONHA, É DEUS ADOLESCENTEMENTE DIVINO TRAZENDO ALEGRIA E ESPERANÇA PARA O MUNDO.

O ESSENCIAL É VISÍVEL AO CORAÇÃO

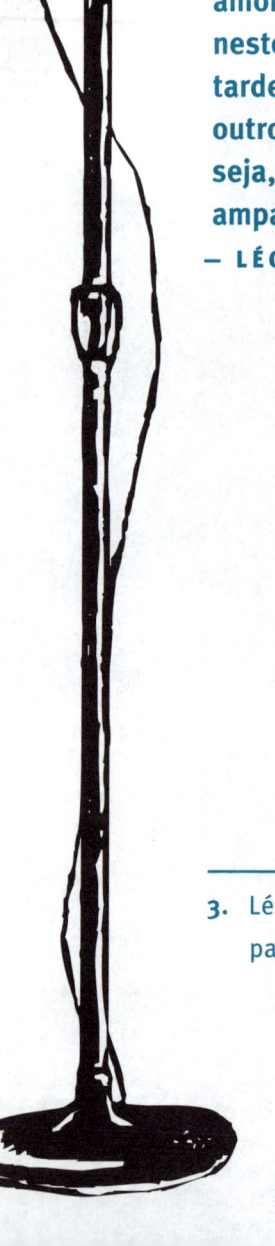

Nada é irrevogável. O amor que nos cativa neste mundo, mais tarde, nos atrai para o outro; e, onde quer que seja, amizade, proteção, amparo, nos aguardam.
— LÉON DENIS[3]

É muito triste que em pleno vigor juvenil a morte ceife tantas vidas.

Não existe uma lógica para a morte a não ser a crença humana de que os mais velhos devem partir primeiro.

"Nada é irrevogável", afirma Léon Denis, nada é imutável.

Contudo, contextualizando as palavras do grande apóstolo do espiritismo, podemos afirmar que o amor, quando verdadeiro, é a grande força da vida.

---

3. Léon Denis. *O problema do ser e do destino*, parte 1 – O problema do ser, cap. 10. CELD.

É justamente esse sentimento que une os corações por meio de vidas sucessivas.

Quantos jovens se desesperam quando se deparam com a realidade dolorosa da partida de um ente querido, de um amigo?

Vez por outra, infelizmente, chega a notícia na escola de que um aluno partiu desta dimensão.

Então vêm o choque e o espanto, porque o período juvenil traz uma sensação ilusória de imortalidade.

São tantos os sonhos que povoam a mente de nossos jovens que é natural que, em meio ao vigor desse período encantador, eles acreditem que nada pode lhes acontecer.

Dificilmente a mente juvenil é visitada pela ideia da morte, mas, quando ela acontece, vários fatores emocionais contribuem para que quadros depressivos se instalem.

É claro que não é necessário cultivar a ideia de morte; mas aprender sobre ela certamente fortalecerá o conceito juvenil de importância da vida.

O que pode existir de mais aconchegante para o coração do que aquele momento feliz ao lado de amigos(as) da escola? Daquela galera que se identifica com os nossos sonhos, que curte as mesmas músicas e sai junto para a balada? Da turma que se angustia e rala muito para buscar espaço nas universidades?

Toda essa convivência gera carinho, amor e amizade.

Por isso é importante viver a vida longe de conflitos e práticas viciosas que acabam poluindo a mente e o coração.

O amor não acaba quando alguém precisa partir de nosso convívio.

É possível viver a vida juvenil com todo o seu encanto e alegria. Dançar, beijar, se divertir e aproveitar essa fase de aprendizado e descobertas sem se perder nos descaminhos da ilusão.

Não é preciso beber do copo da ilusão, embriagando a lucidez.

Não é necessário aspirar a névoa da loucura, pois o amor verdadeiro se manifesta nas expressões mais caretas; é na preocupação dos pais, na mensagem de um amigo, no silêncio de um avô, no beijo do(a) namorado(a) que a vida pulsa plena e bela.

Todos os seus afetos e todos os seus amores caminharão contigo ao longo de sua imortalidade.

Nesse mundo ou em outros mundos, estaremos sempre unidos aos que amamos.

O amor que nos cativa neste mundo, mais tarde, nos atrai para o outro; e, onde quer que seja, amizade, proteção, amparo, nos aguardam.
— LÉON DENIS

O AMOR NÃO ACABA QUANDO ALGUÉM PRECISA PARTIR DE NOSSO CONVÍVIO. TODOS OS SEUS AFETOS E TODOS OS SEUS AMORES CAMINHARÃO CONTIGO AO LONGO DE SUA IMORTALIDADE. NESSE MUNDO OU EM OUTROS MUNDOS, ESTAREMOS SEMPRE UNIDOS AOS QUE AMAMOS.

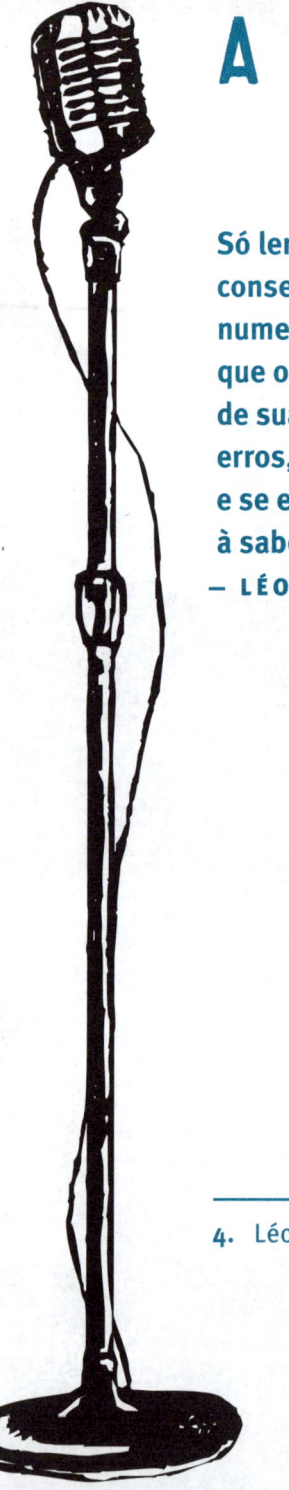

A LUZ JUVENIL

> Só lentamente, como consequência de numerosas existências, é que o Espírito se liberta de suas paixões, de seus erros, de suas fraquezas, e se eleva em direção à sabedoria e à luz.
> — LÉON DENIS[4]

A vida juvenil é repleta de desafios. Muitos são os convites do mundo que levam os jovens a esquecer de sua natureza espiritual.

Renascer na Terra é como experienciar um intercâmbio educacional tão ao gosto dos jovens destes tempos.

Grande parte dos adolescentes sonha em ter uma oportunidade de estagiar em outro país, a fim de estudar e dominar uma língua estrangeira.

Podemos comparar o nascimento neste mundo a um período de intercâmbio educacional entre duas dimensões.

---

4. Léon Denis. *Cristianismo e espiritismo*, cap. 10. CELD.

4

Viemos do mundo espiritual, que é o nosso país verdadeiro, para a dimensão material, o país estrangeiro, em que teremos a oportunidade de aprender o idioma do amor e tantas outras coisas.

Por exemplo, quando um jovem viaja do Brasil para a Austrália em um intercâmbio, ele precisa de uma família que o acolha por todo o período que durarem seus estudos.

Da mesma maneira, quando o Espírito recebe a oportunidade de reencarnar neste planeta, ele necessita de uma família com a qual conviver durante a sua vida material. Precisa de pais que concordem com o seu nascimento e que estejam dispostos a auxiliá-lo neste intercâmbio reencarnatório.

Estagiar em um país diferente daquele em que se nasceu garante o aprendizado de uma língua estrangeira, além do aprendizado sociocultural que enriquece o repertório do estudante.

Renascer na Terra é receber a oportunidade de evoluir espiritualmente.

O Espírito é o ser inteligente do universo, e, conforme evolui por meio de seu intercâmbio reencarnatório, aumenta sua luz.

Essa luminosidade é interior e se torna mais e mais brilhante à medida que o amor se transforma no objetivo maior de sua existência.

O Espírito que vivencia sua idade juvenil também se utiliza de materiais escolares para o seu aprendizado, do mesmo modo que um aluno na escola comum do mundo.

Dessa maneira, seu caderno é sua consciência, e sua caneta são suas atitudes.

E, caso tenha realizado escolhas erradas nas provas da vida, o Espírito pode se utilizar da borracha do perdão para refazer os seus caminhos. Como afirma Léon Denis:

Só lentamente, como consequência de numerosas existências, é que o Espírito se liberta de suas paixões, de seus erros, de suas fraquezas, e se eleva em direção à sabedoria e à luz.

Jovem: no momento que o espiritismo te emancipa no conhecimento de sua origem e de sua destinação, aproveite o intercâmbio de sua reencarnação e aprenda a amar e a perdoar, para que a sua luz ofusque os que te são inferiores, não para humilhá-los, mas para que outros jovens vejam em você o exemplo a seguir.

☆

JOVEM: NO MOMENTO QUE O ESPIRITISMO TE EMANCIPA NO CONHECIMENTO DE SUA ORIGEM E DE SUA DESTINAÇÃO, APROVEITE O INTERCÂMBIO DE SUA REENCARNAÇÃO E APRENDA A AMAR E A PERDOAR, PARA QUE A SUA LUZ OFUSQUE OS QUE TE SÃO INFERIORES, NÃO PARA HUMILHÁ-LOS, MAS PARA QUE OUTROS JOVENS VEJAM EM VOCÊ O EXEMPLO A SEGUIR.

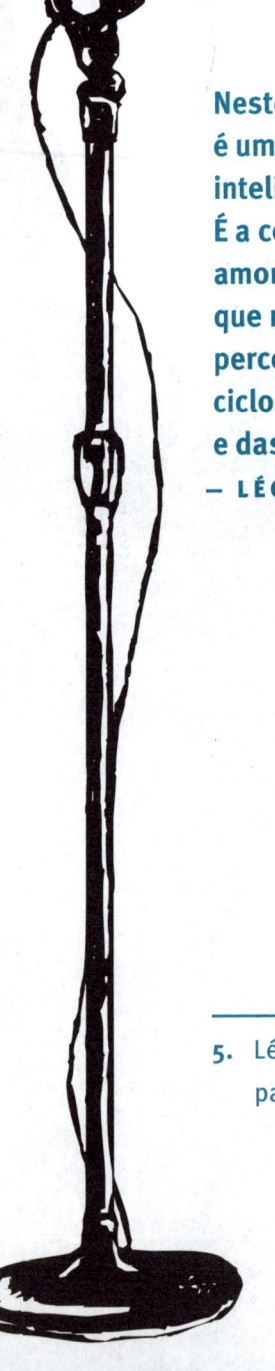

MISSÕES JUVENIS

Nestes cimos, a existência é uma perpétua festa da inteligência e do coração. É a comunhão estreita no amor com todos aqueles que nos foram caros e percorreram conosco o ciclo das transmigrações e das provas.
— LÉON DENIS[5]

Quando vamos ao cinema assistir às aventuras dos *Vingadores*, percebemos que cada herói tem uma especialidade que, na soma da força de todos, acaba ajudando a humanidade.

Todos os heróis são importantes, mas cada um tem seu talento.

Quando renascemos na Terra, trazemos para as nossas missões as habilidades que já conquistamos em nossas vidas passadas.

---

5. Léon Denis. *O problema do ser e do destino*, parte 1 – O problema do ser, cap. 12. CELD.

E o mais interessante de nosso planejamento reencarnatório é que os benfeitores espirituais nos colocam junto a Espíritos – nossa família – que podem nos ensinar a desenvolver as habilidades que ainda não possuímos.

É claro que seu pai não usa escudo para se proteger de ataques alienígenas, mas talvez ele se utilize da armadura da paciência quando as coisas não caminham muito bem.

Certamente, sua mãe não usa o laço da verdade da Mulher Maravilha para te amarrar, mas, em algumas situações, basta ela te olhar para que você fale toda a verdade que ela quer saber.

Brincadeiras à parte, todos temos habilidades emocionais e "poderes" espirituais. Alguns jovens perdoam com mais facilidade, e esse é um grande poder. Outros jovens têm no coração o sentimento da caridade, e essa capacidade é algo especial para a vida de qualquer pessoa.

À medida que evoluímos e aprendemos a amar as pessoas como elas são, nos tornamos imunes aos poderes que trazem infelicidade para a nossa vida.

O ódio, a mágoa, o orgulho, a inveja e tantas outras forças negativas destroem os nossos grandes sonhos de felicidade, e, se esses sentimentos invadirem o nosso coração não haverá Liga da Justiça nem Vingadores que sequem as nossas lágrimas.

Léon Denis, que tem o poder da sabedoria, nos ensina que, depois de superarmos os sentimentos inferiores que ainda existem em nosso coração, um dia, entraremos em comunhão com as forças superiores da vida e conheceremos um lugar muito especial, em que:

> [...] a existência é uma perpétua festa da inteligência e do coração. É a comunhão estreita no amor com todos aqueles que nos foram caros e percorreram conosco o ciclo das transmigrações e das provas. [*O problema do ser e do destino*, parte 1 – O problema do ser, cap. 12. CELD.]

Chegará o dia em que estaremos unidos a todos os corações que cumpriram conosco todas as missões evolutivas com sabedoria e amor.

✯

DEPOIS DE SUPERARMOS OS SENTIMENTOS INFERIORES QUE AINDA EXISTEM EM NOSSO CORAÇÃO, UM DIA, ENTRAREMOS EM COMUNHÃO COM AS FORÇAS SUPERIORES DA VIDA. CHEGARÁ O DIA EM QUE ESTAREMOS UNIDOS A TODOS OS CORAÇÕES QUE CUMPRIRAM CONOSCO TODAS AS MISSÕES EVOLUTIVAS COM SABEDORIA E AMOR.

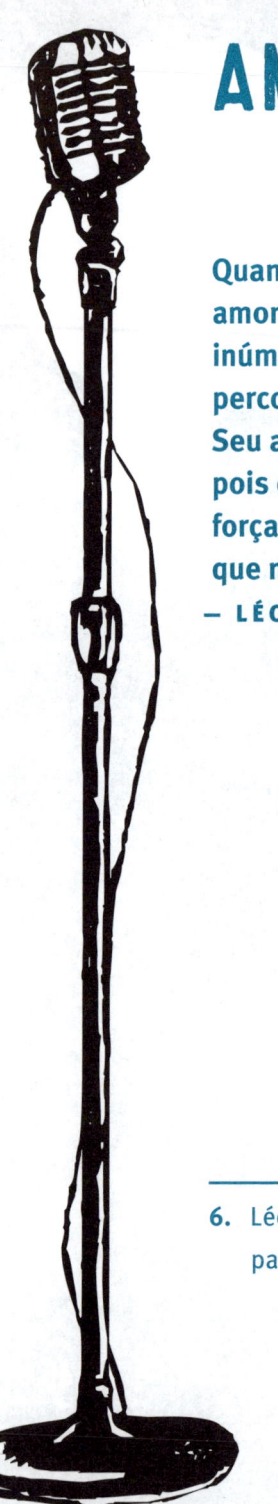

AMORES JUVENIS

> Quantos casais, quantos amores se ligam por inúmeras existências percorridas dois a dois! Seu amor é indestrutível, pois o amor é a força das forças, o elo supremo que nada pode romper.
> — LÉON DENIS [6]

Sabe aquela intuição secreta que alimenta seus sonhos e seu ideal? Aquela força escondida dentro de seu coração que te leva adiante nos momentos mais difíceis, sem qualquer explicação?

Todas as pessoas têm laços de amor inabaláveis que são construídos além da dimensão que nossos olhos podem ver.

Muitas vezes, não encontramos em família tanta simpatia como a que experimentamos com pessoas que, a princípio, seriam estranhas.

---

[6] Léon Denis. *O problema do ser e do destino*, parte 2 – O problema do destino, cap. 13. CELD.

Muitos jovens se queixam da grande dificuldade de se relacionar com o pai, um irmão e até mesmo com a própria mãe. Contam eles que não sabem explicar de onde vem a aversão gratuita que invade o coração.

Por outro lado, esses mesmos jovens se sentem surpreendidos com o afeto e a harmonia que vivenciam nas relações com um amigo na escola ou em outras rodas sociais.

É claro que a convivência diária acaba por expor nossos defeitos, fazendo com que nos revelemos tal como somos; por isso, acabamos conhecendo melhor os nossos familiares. E, diante de desentendimentos comuns que ocorrem entre todas as pessoas que estão juntas sob o mesmo teto, existem processos de animosidade extrema e de muita hostilidade.

No entanto, podemos afirmar com sabedoria que a animosidade de hoje se tornará amizade leal no futuro.

O processo de vidas sucessivas nos leva a amadurecer sentimentos, nos conectando com algumas pessoas por séculos e séculos.

À medida que a afinidade aumenta, os elos invisíveis do amor se fortalecem, de maneira a nos unir vida após vida a essas almas queridas.

Nunca estamos sozinhos, já que nos unimos como casais, como amigos, pais e filhos nas infinitas oportunidades de crescimento e elevação.

Nos grupos familiares sempre existem aqueles Espíritos com os quais temos laços mais poderosos de amor.

Amamos nossos familiares com intensidades diferentes, porque com alguns corações já desenvolvemos o amor e uma extrema lealdade em um patamar mais elevado.

O amor juvenil é sempre intenso e arrebatador, características dessa fase de intensidades e sentimentos abrasadores.

À medida que o tempo passa e o Espírito amadurece, privilegiamos as vibrações e os sentimentos mais espiritualizados.

A força do amor não se revela pela força da paixão, pelo contrário: o amor verdadeiro é perene, e tem sua força na lealdade que atravessa os séculos juntando os que se amam.

⭐

À MEDIDA QUE O TEMPO PASSA E O ESPÍRITO AMADURECE, PRIVILEGIAMOS AS VIBRAÇÕES E OS SENTIMENTOS MAIS ESPIRITUALIZADOS. A FORÇA DO AMOR NÃO SE REVELA PELA FORÇA DA PAIXÃO, PELO CONTRÁRIO: O AMOR VERDADEIRO É PERENE, E TEM SUA FORÇA NA LEALDADE QUE ATRAVESSA OS SÉCULOS JUNTANDO OS QUE SE AMAM.

AMOR DE DEUS

Uma corrente infinda liga os seres, na majestosa unidade do Cosmos. É uma efusão de luz e de amor que, dos píncaros divinos, jorra e se derrama sobre todos para regenerá-los e fecundá-los.
— LÉON DENIS[7]

Sem dúvida nenhuma, a rede mundial de computadores foi o grande avanço tecnológico na história da humanidade.

Disseminada por todos os países do mundo, a rede cibernética tornou possível para a criatura humana se conectar instantaneamente com o outro lado da Terra em tempo real.

Notícias e imagens são veiculadas ao vivo.

As distâncias encurtaram, e hoje o mundo está de fato globalizado.

---

7. Léon Denis. *O problema do ser e do destino*, parte 2 – O problema do destino, cap. 18. CELD.

7

Garotos e garotas se regozijam pelo acesso às mais variadas informações, que podem ser compartilhadas com todo o planeta.

Por meio das redes sociais, jovens do mundo inteiro divulgam a criação de aplicativos revolucionários, fazendo surgir novos milionários em todos os lugares.

Todavia, essas maravilhas ficam ultrapassadas quando começamos a refletir na grandeza da presença de Deus em nossas vidas.

Léon Denis nos fala, no trecho de abertura deste tema, de uma corrente infinda que liga todas as criaturas do cosmos.

Acredito que o mestre Léon Denis nos fala da grande rede que conecta todos os Espíritos filhos de Deus.

Ele nos fala de uma luz, que podemos entender também como uma energia, que jorra dos altiplanos espirituais por sobre todas as criaturas da Terra.

Em minha pobre interpretação, trata-se da Rede Universal do Amor de Deus, que a tudo penetra.

Quando você vai à escola é normal que exista uma rede *wi-fi* dentro do ambiente escolar.

Em um fim de semana com a família no campo ou na praia, você se preocupa com a possibilidade de ficar isolado, sem poder se conectar.

Tudo isso é absolutamente normal nos dias atuais.

A mensagem de Léon Denis sobre a efusão de luz e de amor que jorra por sobre o Universo se refere à conexão com Deus, que sempre esteve à disposição de qualquer ser humano.

É mais fácil se conectar com a rede dos homens, pela internet, do que com o sutil divino.

Todas as vezes que alimentamos sentimentos e pensamentos nobres, entramos em conexão com o Criador.

São muitas as senhas de acesso, e só o seu coração pode se conectar com a Rede Universal do Amor de Deus.

Caridade, humildade, esperança, perseverança, paz, amor ao próximo e tantos outros sentimentos são as senhas que te levam a navegar o amor divino.

Muitos dos missionários que andaram pelo mundo viveram conectados vinte e quatro horas por dia com Deus, porque suas palavras e ações expressavam a manifestação da luz e desse amor do qual Léon Denis nos fala.

Há mais de dois mil anos, Jesus caminhou pelo mundo ensinando a conexão divina que se dá por intermédio da prece, da oração, principalmente nos momentos mais difíceis e atribulados, e sempre que estamos sofridos e angustiados.

Na citação evangélica em *Mateus*, 26:41, somos orientados a vigiar e a orar. Podemos considerar em tempos de conexões: vigiar é não permitir que a conexão caia, e orar é se manter na Rede de Amor de Deus; agindo assim, estaremos em profunda conexão com a fonte de amor inesgotável de que nos fala Léon Denis.

✦

É MAIS FÁCIL SE CONECTAR COM A REDE DOS HOMENS, PELA INTERNET, DO QUE COM O SUTIL DIVINO. TODAS AS VEZES QUE ALIMENTAMOS SENTIMENTOS E PENSAMENTOS NOBRES, ENTRAMOS EM CONEXÃO COM O CRIADOR. SÃO MUITAS AS SENHAS DE ACESSO, E SÓ O SEU CORAÇÃO PODE SE CONECTAR COM A REDE UNIVERSAL DO AMOR DE DEUS.

DOWNLOAD DE LUZ

O Espírito se ilumina a cada pensamento altruísta, a cada impulso de solidariedade e de amor puro.
— LÉON DENIS[8]

Somos Espíritos de passagem pela Terra, vivenciando uma experiência humana.

Estamos aqui, mas não somos daqui; portanto, nossa origem se encontra na dimensão espiritual.

Para mergulhar neste oceano dimensional, ou seja, aqui, na vida material, precisamos de equipamentos adequados.

Se mergulhássemos no oceano sem equipamentos adequados, certamente morreríamos afogados. Por isso, podemos considerar nosso

---

8. Léon Denis. *O problema do ser e do destino*, parte 2 – O problema do destino, cap. 19. CELD.

corpo material o equipamento que utilizamos para viver aqui na Terra.

Em essência, somos Espíritos, os seres inteligentes da criação, filhos de Deus.

Encarnamos neste mundo material para aprender e evoluir, mas é importante manter a nossa conexão com Deus.

Precisamos da energia do amor divino para nos alimentar espiritualmente.

Almoçamos, jantamos e tomamos café, essa é a parte que cabe ao corpo físico, nosso equipamento de mergulho material.

No entanto, há ainda mais alguns cuidados que são necessários para uma vida física saudável: é preciso manter o corpo em ação para que ele não adoeça, não enferruje.

Todos esses cuidados são necessários para que nosso Espírito possa ter um equipamento à altura que possa nos atender durante o processo de aprendizagem que as provas da vida nos trazem.

O homem que mergulha no oceano necessita de oxigênio para sobreviver nas profundezas do mar.

O Espírito que mergulha na Terra e usa o corpo físico precisa do amor de Deus, que é a energia que mantém a sua esperança e lhe dá forças para seguir adiante.

E qual seria essa energia? São os pensamentos e sentimentos altruístas de solidariedade e amor.

O amor é a energia que gera a vida, daí a necessidade de um constante *download* de luz do coração de Deus para o nosso coração.

Léon Denis nos diz:

O Espírito se ilumina a cada pensamento altruísta, a cada impulso de solidariedade e de amor puro.

O Espírito recarrega as suas energias no mergulho à vida material fazendo o *download* do amor de Deus para o seu coração.

O AMOR É A ENERGIA QUE GERA A VIDA, DAÍ A NECESSIDADE DE UM CONSTANTE *DOWNLOAD* DE LUZ DO CORAÇÃO DE DEUS PARA O NOSSO CORAÇÃO.

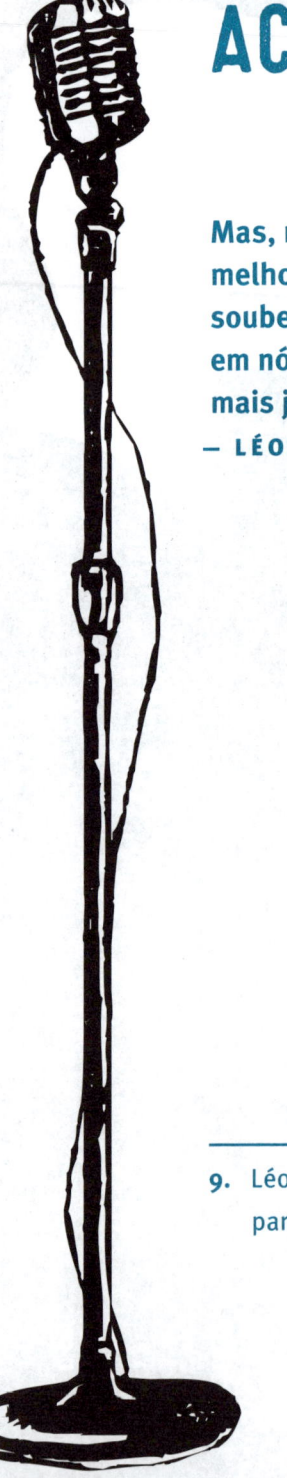

ACAMPAMENTO

Mas, nosso destino melhorará, quando soubermos fazer nascer, em nós, mais desinteresse, mais justiça, mais amor.
— LÉON DENIS [9]

A vida é uma grande travessia.

E o período juvenil, para o Espírito, é decisivo na travessia da vida material com segurança.

Reencarnar é mais ou menos como sair de casa para acampar com os amigos: as coisas precisam ser devidamente preparadas, pois você está indo para um lugar distante, para outra dimensão.

Tudo precisa ser programado com muito carinho porque, depois de renascer, a volta só acontece quando o trem da morte nos busca.

---

9. Léon Denis. *O problema do ser e do destino*, parte 2 – O problema do destino, cap. 19. CELD.

Os benfeitores espirituais nos ajudam a organizar esse acampamento temporário que deve durar anos, dependendo de sua programação e necessidade reencarnatória.

Em primeiro lugar é preciso definir quem irá recebê-lo no acampamento, quem serão seus pais, seus irmãos. Em que país, estado e cidade você vai acampar (reencarnar)? Tudo isso deve ser muito bem planejado.

Nem sempre os companheiros de acampamento têm afinidade contigo; pode acontecer de, no meio da turma legal, existir alguém que testará sua paciência.

Faz parte, nem tudo é perfeito.

É preciso fazer um *checklist* do que será necessário no acampamento:

- ☑ mochila = coração;
- ☑ barraca = lar;
- ☑ amigos de acampamento = família;
- ☑ repelente = oração;
- ☑ mapa = Evangelho;
- ☑ ...

Depois que tudo estiver preparado é sempre importante rever item por item para conferir se algo foi esquecido.

Se você estiver indo para um lugar montanhoso é preciso levar determinação.

Se estiver seguindo para um lugar chuvoso, é necessário levar a capa da paciência para se abrigar do mau tempo.

Não se esqueça de levar o tênis da persistência, porque a caminhada é longa e os espinhos do caminho podem ferir seus pés.

E, algo muito importante, imprescindível, é a lanterna da oração para as noites de escuridão, sem esquecer do combustível da fé em Deus.

Se tudo estiver preparado, pode partir para o acampamento chamado reencarnação, mas leve em sua alma a orientação dada por Léon Denis:

Mas, nosso destino melhorará, quando soubermos fazer nascer, em nós, mais desinteresse, mais justiça, mais amor.

Siga seu coração nessa grande travessia chamada vida e seja feliz!

⭐

REENCARNAR É MAIS OU MENOS COMO SAIR DE CASA PARA ACAMPAR COM OS AMIGOS. É PRECISO FAZER UM *CHECKLIST* DO QUE SERÁ NECESSÁRIO NO ACAMPAMENTO. SE TUDO ESTIVER PREPARADO, PODE PARTIR PARA O ACAMPAMENTO CHAMADO REENCARNAÇÃO. SIGA SEU CORAÇÃO NESSA GRANDE TRAVESSIA CHAMADA VIDA E SEJA FELIZ!

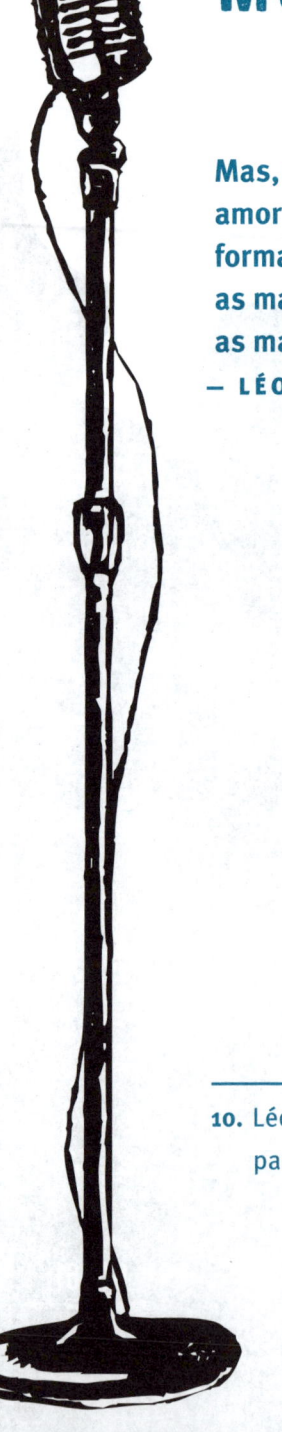

MUTANTES

Mas, na verdade, o amor reveste-se de formas infinitas, desde as mais vulgares, até as mais sublimes.
— LÉON DENIS [10]

Todos, de certa forma, somos mutantes, pois nos transformamos ao longo dos séculos, purificando nossa forma de amar.

Quando voltamos ao mundo material, ficamos limitados pelos cinco sentidos, que acabam enclausurando as grandes potencialidades do espírito imortal.

Essa aparente limitação tem como objetivo nosso fortalecimento, para que aprendamos a resistir aos encantamentos que o mundo material nos impõe.

---

10. Léon Denis. *O problema do ser e do destino*, parte 3 – As potências da alma, cap. 25. CELD.

10

Muitos garotos e garotas terminam por se perder no sexo desregrado e nos prazeres mais grosseiros.

A grande maioria corre em direção aos acenos da ilusão, atendendo apenas ao que pedem os instintos.

Muitos jovens ainda confundem desejo com amor e paixão com afeto.

Não são poucos os que acreditam que seus desejos são direitos adquiridos.

Isso é o que ocorre hoje com a grande maioria dos adolescentes, que não aprende a lidar com as frustrações e tem momentaneamente todos os seus desejos atendidos.

Todavia, em algum momento, a vida traz um NÃO bem grande, e a frustração visita o coração juvenil.

E é justamente quando a verdade visita a vida de uma pessoa que ela passa pelo teste da decepção.

Infelizmente, alguns jovens se atiram na depressão e chegam a se automutilar.

Sentem terrível dor na alma e não conseguem lidar com aquele monstro emocional que só faz crescer dentro deles.

Parece que o mundo vai acabar, que não existe nenhuma saída para a desesperança que lhes chega à vida.

Quando paramos para refletir sinceramente sobre os caminhos tortuosos da vida e sobre as dores que nos visitam os dias, quando acreditamos que Deus verdadeiramente é amor, passamos a compreender que não existe castigo, e que até mesmo a dor é uma forma de amor que vem nos ensinar a descoberta de nossa força interior.

Lembra quando você era criança e caía, ralando o joelho?

Você corria em direção à sua mãe e ela assoprava o arranhão para parar de arder.

Quando você começa a crescer, passa pela adolescência e chega à idade juvenil, os tombos continuam, porque eles fazem parte do aprendizado.

Os arranhões agora são no coração; é a alma que arde.

Não é castigo ou perseguição.

É o amor que agora se reveste de uma outra coisa para te ajudar a aprender, a evoluir espiritualmente.

O amor é como camaleão, que se mostra em sua vida conforme a necessidade que você tenha ao caminhar em direção a Deus.

✦

LEMBRA QUANDO VOCÊ ERA CRIANÇA E CAÍA, RALANDO O JOELHO? QUANDO VOCÊ COMEÇA A CRESCER, OS TOMBOS CONTINUAM. OS ARRANHÕES AGORA SÃO NO CORAÇÃO; É A ALMA QUE ARDE. NÃO É CASTIGO OU PERSEGUIÇÃO. É O AMOR QUE AGORA SE REVESTE DE UMA OUTRA COISA PARA TE AJUDAR A APRENDER, A EVOLUIR ESPIRITUALMENTE.

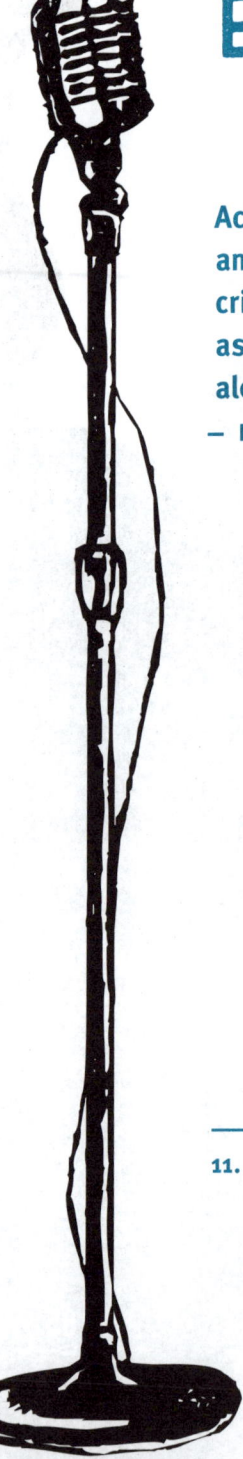

ESCOLA DO UNIVERSO

Acima de tudo, Deus é amor; foi por amor que criou os seres, para associá-los a suas alegrias, à sua obra.
— LÉON DENIS [11]

A paternidade divina ainda é incompreendida pela maioria dos jovens que acreditam que tudo lhes deveria ser facilitado.

Muitos entendem que, pelo fato de Deus amar seus filhos, todos deveriam viver apenas gozando as coisas boas que a vida na Terra pode oferecer.

Você que é jovem sabe o quanto seus pais valorizam o seu estudo, e, principalmente, sabe da preocupação deles em matriculá-lo na melhor escola.

---

11. Léon Denis. *O problema do ser e do destino*, parte 3 – As potências da alma, cap. 25. CELD.

11

Com Deus, nossa relação é parecida, porque Ele tem essa preocupação com que estudemos na melhor escola do Universo.

Quando olhamos para o mundo, acreditamos que é tudo uma bagunça, mas, na verdade, estamos matriculados na escola que merecemos, de acordo com nossa evolução espiritual.

O planeta escola em que vivemos foi criado por Deus, pelo amor que Ele tem por cada um de nós, e, portanto, precisamos aprender e aproveitar a oportunidade que nos é dada pelo Pai Celestial.

Jesus é o grande Mestre desta escola, e nos cabe aprender com a cartilha que é o seu Evangelho.

Deus é amor, e nada existe fora desse amor. Porém, não conseguimos enxergar esse amor, porque ainda somos analfabetos na escola da vida.

No mundo, existem alunos em todos os níveis: pessoas violentas, preconceituosas e com muito ódio no coração. São alunos que expressam atraso ou adiantamento no aprendizado do amor.

Por mais estranho que possa parecer para a nossa imperfeita compreensão, nenhum dos filhos de Deus se perderá; foi essa a promessa de Jesus.

Os que andam na escuridão da ignorância um dia crescerão em amor e se alfabetizarão na cartilha do Evangelho, que é o roteiro seguro para o nosso aprendizado.

Sendo Deus todo o amor, a justiça e a bondade, toda a sua criação é fruto dessas perfeições que nele são natas.

Ninguém está na Terra predestinado ao sofrimento. O que não conseguirmos compreender hoje, a vida espiritual que preexiste a vida física nos revelará amanhã, quando sairmos dessa escola planetária.

Assim nos orienta Léon Denis:

Acima de tudo, Deus é amor; foi por amor que criou os seres, para associá-los a suas alegrias, à sua obra.

O PLANETA ESCOLA EM QUE VIVEMOS FOI CRIADO POR DEUS, PELO AMOR QUE ELE TEM POR CADA UM DE NÓS. JESUS É O GRANDE MESTRE DESTA ESCOLA, E NOS CABE APRENDER COM A CARTILHA QUE É O SEU EVANGELHO. NINGUÉM ESTÁ NA TERRA PREDESTINADO AO SOFRIMENTO. O QUE NÃO CONSEGUIRMOS COMPREENDER HOJE, A VIDA ESPIRITUAL NOS REVELARÁ AMANHÃ.

FONTE INESGOTÁVEL

O amor é uma força inesgotável; renova-se incessantemente e gratifica, simultaneamente, quem dá e quem recebe.
— LÉON DENIS [12]

Você já leu ou já ouviu alguém comentar sobre as palavras escritas no poema *Amor é um fogo que arde sem se ver*, do poeta português Luís Vaz de Camões, sobre o amor, transcritas abaixo?

> Amor é um fogo que
>   arde sem se ver,
> é ferida que dói, e
>   não se sente;
> é um contentamento
>   descontente,
> é dor que desatina sem doer.
>
> É um não querer mais
>   que bem querer;
> é um andar solitário
>   entre a gente;

---

12. Léon Denis. *O problema do ser e do destino*, parte 3 – As potências da alma, cap. 25. CELD.

12

é nunca contentar se
   de contente;
é um cuidar que ganha
   em se perder.
É querer estar preso
   por vontade;
é servir a quem vence,
   o vencedor;
é ter com quem nos
   mata, lealdade.

Mas como causar
   pode seu favor
nos corações humanos,
   amizade,
se tão contrário a si é
   o mesmo Amor?

O amor parece ser um sentimento, muitas vezes, contraditório; no entanto, o vocabulário humano é incapaz de explicar o que o amor provoca no espírito humano.

Já outro personagem da história do cristianismo, Paulo de Tarso, em sua *Primeira carta aos Coríntios*, 13:1 a 13, nos fala assim sobre o amor:

Ainda que eu falasse línguas, as dos homens e as dos anjos, se eu não tivesse a caridade, seria como um bronze que soa ou como um címbalo que tine.

Ainda que eu tivesse o dom da profecia, o conhecimento de todos os mistérios e de toda a ciência, ainda que tivesse toda a fé, a ponto de transportar montanhas, se não tivesse a caridade, eu nada seria.

Ainda que eu distribuísse todos os meus bens aos famintos, ainda que entregasse o meu corpo às chamas, se não tivesse a caridade, isso nada me adiantaria.

A caridade é paciente, a caridade é prestativa, não é invejosa, não se ostenta, não se incha de orgulho.

Nada faz de inconveniente, não procura o seu próprio interesse, não se irrita, não guarda rancor.

Não se alegra com a injustiça, mas se regozija com a verdade.

Tudo desculpa, tudo crê, tudo espera, tudo suporta.

A caridade jamais passará. Quanto às profecias, desaparecerão. Quanto às línguas, cessarão. Quanto à ciência, também desaparecerá.

Pois o nosso conhecimento é limitado, e limitada é a nossa profecia.

Mas, quando vier a perfeição, o que é limitado desaparecerá.

Quando eu era criança, falava como criança, pensava como criança, raciocinava como criança. Depois que me tornei homem, fiz desaparecer o que era próprio da criança.

Agora vemos em espelho e de maneira confusa, mas, depois, veremos face a face. Agora o meu conhecimento é limitado, mas, depois, conhecerei como sou conhecido.

Agora, portanto, permanecem fé, esperança, caridade, estas três coisas. A maior delas, porém, é a caridade.

Léon Denis nos ensina que o amor é como uma fonte inesgotável.

Quando aprendemos a amar incondicionalmente, nos tornamos fontes de amor, e quanto mais damos desse sentimento sublime, mais manifestamos esse sentimento em nossos gestos e palavras.

Porque amor multiplicado é amor aumentado.

☆

QUANDO APRENDEMOS A AMAR INCONDICIONALMENTE, NOS TORNAMOS FONTES DE AMOR, E QUANTO MAIS DAMOS DESSE SENTIMENTO SUBLIME, MAIS MANIFESTAMOS ESSE SENTIMENTO EM NOSSOS GESTOS E PALAVRAS. PORQUE AMOR MULTIPLICADO É AMOR AUMENTADO.

ROTEIRO DE DEUS

É pelo amor, sol das almas, que Deus age com mais eficácia no mundo [...]
— LÉON DENIS [13]

Toda viagem precisa de um roteiro; em nossa viagem pelo mundo não é diferente.

É claro que, quando reencarnamos, passamos pelo processo do esquecimento e isso é algo muito importante, pois nos ajuda a não perder tempo com coisas do passado que não devem atrapalhar o nosso caminhar.

É claro que nem sempre é fácil, porque, até mesmo em nosso lar, podemos encontrar algumas dificuldades que não são fáceis de superar.

---

13. Léon Denis. *O problema do ser e do destino*, parte 3 – As potências da alma, cap. 25. CELD.

13

Tudo caminha bem, e, de repente, pinta aquela animosidade com alguém que você ama muito: pai, mãe ou irmão. Então, você começa a experimentar um sentimento que causa uma repulsa por esse ou aquele membro da família.

De onde nasceu esse bloqueio inesperado? E por que a cada dia fica mais complicado administrar a presença daquela pessoa em sua vida?

Como contar para alguém que você experimenta uma aversão por seu pai?

É claro que essa situação complicada pode gerar um grande conflito em sua cabeça, mas, felizmente, o espiritismo nos ajuda a compreender essa dificuldade.

Você precisa saber que muitas pessoas vivenciam situações como essa, e que a sua dor não é um processo único no mundo.

A reencarnação nos auxilia a compreender que comumente nos unimos nesta vida a Espíritos com os quais carregamos dificuldades que não nasceram na vida presente.

Felizmente, cada Espírito, quando renasce, usa uma nova roupa física, e assim não podemos identificá-los como conhecidos de vidas anteriores.

Cada um de nós tem uma energia própria, e, muitas vezes, identificamos a energia característica de alguns Espíritos com os quais nos comprometemos em outras vidas.

É possível que eles tenham nos prejudicado, ou nós a eles.

Essa informação que o espiritismo oferece nos ajuda a compreender os sentimentos conflitantes que nos causam repulsa, mas precisamos entender que esse reencontro é a manifestação de Deus em nossas vidas, pois nos une a Espíritos que precisamos aprender a amar e a perdoar.

Se, em algum momento, seja na escola, seja na faculdade; seja em família, seja na vida social, você se deparar com alguém que lhe faça sentir um grande mal-estar, procure se fixar nas virtudes dessa pessoa para que o mal não se acentue em sua mente e em seu coração.

Se ainda existir muita dificuldade na convivência, se esforce para aprender a tolerar e a aceitar, porque muitas vezes somos aceitos e tolerados por pessoas que também sentem aversão por nossa presença.

Por mais complicada que seja a situação, é pelo amor que Deus age em nossas vidas.

Assim, ensina Léon Denis:

> É pelo amor, sol das almas, que Deus age com mais eficácia no mundo [...]

✦

A REENCARNAÇÃO NOS AUXILIA A COMPREENDER QUE COMUMENTE NOS UNIMOS NESTA VIDA A ESPÍRITOS COM OS QUAIS CARREGAMOS DIFICULDADES QUE NÃO NASCERAM NA VIDA PRESENTE. ESSE REENCONTRO É A MANIFESTAÇÃO DE DEUS EM NOSSAS VIDAS, POIS NOS UNE A ESPÍRITOS QUE PRECISAMOS APRENDER A AMAR E A PERDOAR.

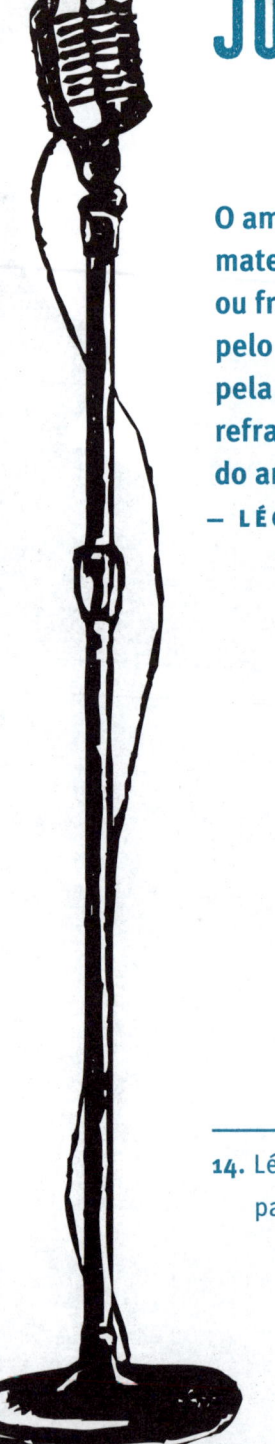

JUNTANDO PARTES

O amor conjugal, o amor materno, o amor filial ou fraterno, o amor pelo país, pela raça, pela humanidade, são refrações, raios repartidos do amor divino [...]
— LÉON DENIS [14]

Não pode existir dúvida de que a Terra é uma grande escola em que aprendemos a amar.

O amor de Deus parece ser fragmentado, fazendo-se sentir nos diversos tipos de relacionamento, mas nós ainda estamos longe de compreender o porquê disso.

A canção popular *Paula e Bebeto*, de Caetano Veloso e Milton Nascimento, diz que:

> Qualquer maneira de amor vale a pena
> Qualquer maneira de amor valerá

---

14. Léon Denis. *O problema do ser e do destino*, parte 3 – As potências da alma, cap. 25. CELD.

14

Onde existe dignidade no amar, lealdade e respeito, sempre valerá a pena exaltar: o amor conjugal, aquele que conjuga carinho e retidão no amar; o amor materno, aquele que transcende o entendimento humano; o amor filial, que se revela genuíno em gratidão; o amor pelo país, que se mostra na honestidade do cidadão para com a pátria e seus semelhantes; o amor pela raça, seja ela qual for, que se funde no amor pela humanidade inteira, já que somos todos filhos de Deus.

Um dia, ainda aprenderemos a amar e a aceitar as pessoas como elas são, brancas, pretas, amarelas.

Tenham elas qualquer opção sexual, não nos cabe julgar, condenar, pois os que julgamos diferentes são os que vieram nos ensinar a amar.

O amor divino está fragmentado para que possamos juntar as partes dentro de nós e nos tornemos Espíritos inteiros na compreensão da vida.

Um dia, estamos filhos, irmãos, primos, maridos, esposas, pais e avós; essas são as gradações do amor que nos cabe experimentar para a nossa própria evolução.

Aquele garoto ou garota que é discriminado em nossa escola, na faculdade ou no trabalho por ser diferente, ele(a) está ao nosso lado para nos ensinar a amar.

Não existe 1/8 de amor, ou 1/10 de amor; o amor de Deus é inteiro e cobre toda a humanidade. Somos nós que ainda precisamos aprender de maneira fragmentada, porque o inteiro que acolhe a todos e a tudo ainda não é compreendido por nós.

⭐

NÃO EXISTE 1/8 DE AMOR, OU 1/10 DE AMOR; O AMOR DE DEUS É INTEIRO E COBRE TODA A HUMANIDADE. SOMOS NÓS QUE AINDA PRECISAMOS APRENDER DE MANEIRA FRAGMENTADA, PORQUE O INTEIRO QUE ACOLHE A TODOS E A TUDO AINDA NÃO É COMPREENDIDO POR NÓS.

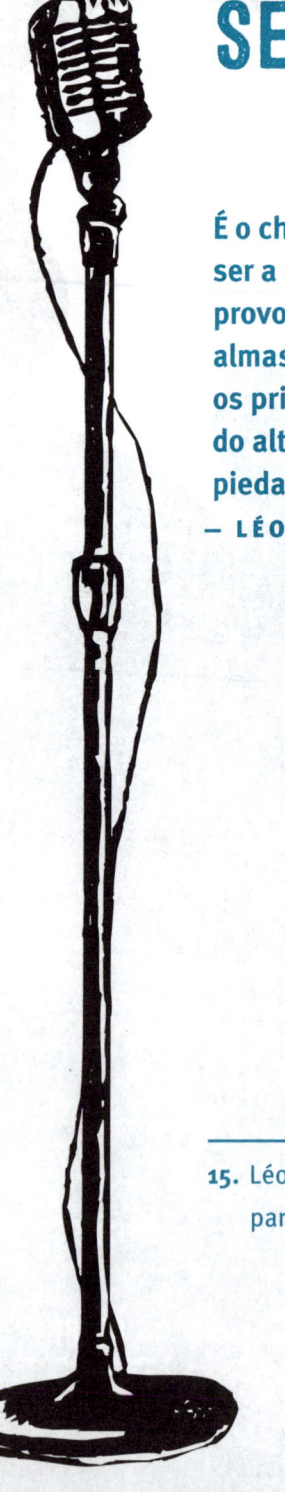

SEMENTE

É o chamamento de ser a ser, é o amor que provocará, no fundo das almas embrionárias, os primeiros alvores do altruísmo, da piedade, da bondade.
— LÉON DENIS [15]

Sabe aquele namoro que não deu certo, aquele que você acreditava que era amor para sempre?

Pois é, outros amores virão no grande aprendizado do amor.

Como escrevemos anteriormente, a maioria dos jovens acredita que o amor é proporcional ao tamanho do desejo.

Somos nós que sempre confundimos as coisas espirituais com as sensações materiais.

O amor apascenta e asserena a alma; o desejo desassossega e traz a febre.

---

15. Léon Denis. *O problema do ser e do destino*, parte 3 – As potências da alma, cap. 25. CELD.

15

O amor nos acalenta; a paixão nos atormenta.

O amor é meditação; a paixão é transpiração.

O amor espiritual é caminho para Deus; a paixão é atalho.

O amor nos irmana; a paixão é egoísta e quer tudo para si.

O amor é caridade; a paixão é solidão.

O amor é sacrifício; a paixão é posse.

O amor é renúncia; a paixão é mesquinhez.

O amor é oração; a paixão é barulho.

Deus é amor; o homem é busca.

Por meio do amor, encontramos Deus.

É essa semente divina que brota de coração em coração, e que germina quando o solo da alma está preparado.

E tem o tempo certo, pois a semente do amor genuíno, ao ser regada pelas lágrimas, cresce viçosa.

E de seus galhos florescerão os sentimentos nobres que darão frutos; uns, trinta; outros, sessenta; outros, cem.

Mais uma vez, nos rendamos a Léon Denis, que ensina:

É o chamamento de ser a ser, é o amor que provocará, no fundo das almas embrionárias, os primeiros alvores do altruísmo, da piedade, da bondade.

O AMOR NOS
PAIXÃO, NOS A
AMOR É MED
E TRANSPIRA
NOS, IRMANA;
EGOÍSTA E QU
SI. O AMOR É
PAIXÃO E SO
E SACRIFÍCIO

O AMOR NOS ACALENTA; A PAIXÃO NOS ATORMENTA. O AMOR É MEDITAÇÃO; A PAIXÃO É TRANSPIRAÇÃO. O AMOR NOS IRMANA; A PAIXÃO É EGOÍSTA E QUER TUDO PARA SI. O AMOR É CARIDADE; A PAIXÃO É SOLIDÃO. O AMOR É SACRIFÍCIO; A PAIXÃO É POSSE. O AMOR É RENÚNCIA; A PAIXÃO É MESQUINHEZ. O AMOR É ORAÇÃO; A PAIXÃO É BARULHO. DEUS É AMOR; O HOMEM É BUSCA.

ETAPAS

Assim, por etapas, sob a influência e sob a luz do amor, a alma se desenvolverá, crescerá, verá ampliar-se o círculo de suas sensações.
— LÉON DENIS[16]

Você descobre que existe um *game* novo e fica ansioso para jogar, mas, depois que conhece e joga, sabe que ele traz muitas emoções e novidades, porque é igual a outros que têm inúmeras fases também, cada uma com sua dificuldade.

A vida, às vezes, se parece com um *game*, porque é feita de muitas fases também.

E cada fase é de um jeito, e traz um obstáculo novo para ser superado.

---

16. Léon Denis. *O problema do ser e do destino*, parte 3 – As potências da alma, cap. 25. CELD.

16

É impossível superar as grandes lutas sem ter paciência para caminhar por todas as rotas e aprender com cada uma delas.

A vida é um *game* em que você é o personagem principal: o protagonista da história.

Algumas fases são mais fáceis, outras, dolorosas.

Alguns personagens, que acreditamos que nos acompanharão até o fim da jornada, acabam ficando pelo caminho.

Outros, nos abandonam e nos vemos na solidão, tendo que passar por situações inimagináveis.

E tem fases em que quase desanimamos, pois ficamos sem força e energia para seguir adiante.

Então, surge uma nova situação e recarregamos nossas energias para poder prosseguir.

Seja qual for a situação do *game* de sua vida, não desista, não se desespere, pois o grande e poderoso Deus está com você.

Com o tempo, ficamos experientes e aprendemos a pular os obstáculos.

Tenha força e mantenha a sua determinação, porque uma nova fase virá, assim como um novo dia.

Assim, por etapas, por fases, a alma verá crescer a sua força e a sua energia e, passo a passo, superará os grandes obstáculos da vida.

E, a cada nova etapa vencida, a luz e o amor crescerão, fazendo com que nossas percepção e força aumentem em direção à vitória que já existe dentro de nós.

☆

SEJA QUAL FO[R]
DO *GAME* DE [...]
DESISTA, NÃO [...]
POIS O GRAN[DE]
DEUS ESTÁ CO[M]
FORÇA E MAN[...]
DETERMINAÇ[ÃO]
UMA NOVA FA[...]
COMO UM NO[VO]

SEJA QUAL FOR A SITUAÇÃO DO *GAME* DE SUA VIDA, NÃO DESISTA, NÃO SE DESESPERE, POIS O GRANDE E PODEROSO DEUS ESTÁ COM VOCÊ. TENHA FORÇA E MANTENHA A SUA DETERMINAÇÃO, PORQUE UMA NOVA FASE VIRÁ, ASSIM COMO UM NOVO DIA. E, A CADA NOVA ETAPA VENCIDA, A LUZ E O AMOR CRESCERÃO, EM DIREÇÃO À VITÓRIA QUE JÁ EXISTE DENTRO DE NÓS.

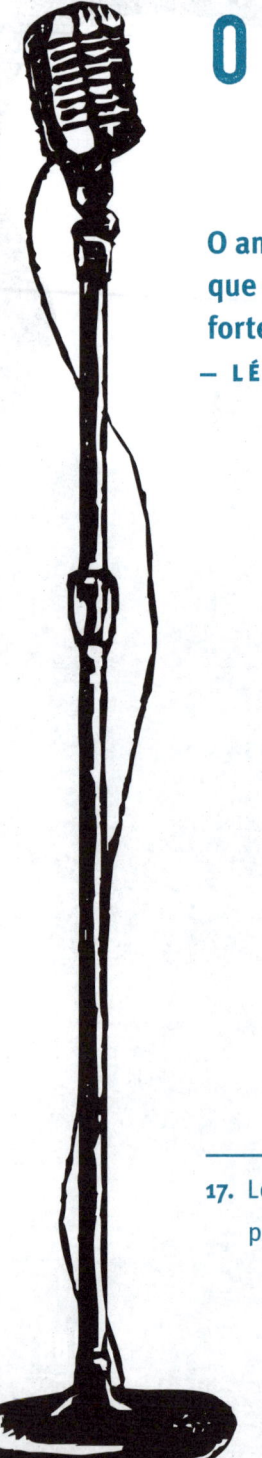

O PODER DO AMOR

O amor é mais forte que o ódio, mais forte que a morte.
— LÉON DENIS[17]

Quando usamos o poder do amor em qualquer situação, derrubamos as grandes muralhas de nossas dificuldades.

Em alguns momentos, qualquer jovem gostaria de ter um superpoder para superar os obstáculos da vida.

Ao ver nas telas do cinema os personagens da Marvel, cada um com um poder especial, ficamos fascinados pelos efeitos especiais que se revelam nas grandes produções.

---

17. Léon Denis. *O problema do ser e do destino*, parte 3 – As potências da alma, cap. 25. CELD.

17

Se estudarmos cada personagem, poderemos observar que eles carregam em suas histórias alguns conflitos que os aproximam de nossa humanidade.

O Homem-Aranha, por exemplo, foi criado pelos tios.

O Superman era filho adotivo.

O Wolverine curtia uma tristeza imensa por causa de sua esposa, quase chegando, algumas vezes, à depressão.

De certa forma, todos os heróis carregam alguma fraqueza.

Todavia, existe um "Herói" que possui um poder único e é o mais poderoso de todos.

Na verdade, Ele é um herói irritante, porque você o agride setenta vezes, e Ele te perdoa setenta vezes sete vezes.

A "kryptonita" não tem nenhum efeito sobre Ele.

E, para demonstrar o quanto Ele é poderoso, se batermos na face direita d'Ele, Ele sorri e dá a outra face.

Esse Herói, que se orgulha em dizer que é filho de Deus, chama-se Jesus Cristo.

Ele tem o poder do amor; por isso, o tempo não apagou e jamais apagará a sua mensagem.

Em seu Evangelho, Jesus nos diz que somos herdeiros do poder do amor, porém, para assumirmos essa força, precisamos vencer os inimigos que existem dentro de nosso coração.

Orgulho, inveja e vaidade são alguns dos malfeitores que se esforçam para levar muitos jovens ao suicídio, para fazer com que eles não descubram que fazem parte da "Liga do Evangelho", que é o grupo que reúne os heróis que já assumiram o poder do amor.

Léon Denis sabia dessa verdade, e por isso nos falou:

O amor é mais forte que o ódio, mais forte que a morte.

☆

EM SEU EVANGELHO, JESUS NOS DIZ QUE SOMOS HERDEIROS DO PODER DO AMOR, PORÉM, PARA ASSUMIRMOS ESSA FORÇA, PRECISAMOS VENCER OS INIMIGOS QUE EXISTEM DENTRO DE NOSSO CORAÇÃO. A "LIGA DO EVANGELHO" É O GRUPO QUE REÚNE OS HERÓIS QUE JÁ ASSUMIRAM O PODER DO AMOR.

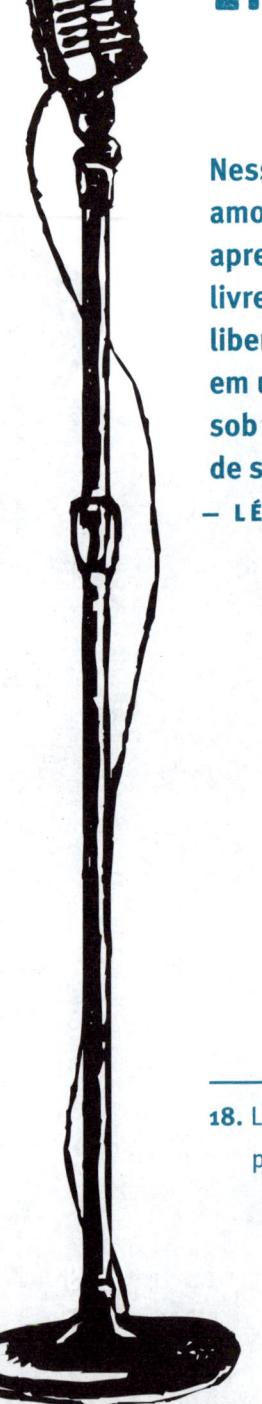

LIBERDADE

Nessas celebrações do amor, os Espíritos que aprenderam a se tornar livres e a utilizar sua liberdade enlaçam-se em um mesmo fluido, sob o olhar comovido de seus irmãos.
— LÉON DENIS [18]

Todos os adolescentes anseiam pela liberdade. Pelo momento em que poderão se entregar ao amor livremente e decidir tudo o que desejarem.

Por nossa experiência com o público juvenil, somos questionados sobre o momento mais indicado para eles iniciarem a vida sexual.

Muitos jovens reclamam da pressão dos pais e da falta de liberdade.

Em nosso entender, é prematuro iniciar a vida sexual na adolescência.

---

18. Léon Denis. *O problema do ser e do destino*, parte 3 – As potências da alma, cap. 25. CELD.

18

Todavia, sabemos que os adolescentes iniciam sua vida sexual cada vez mais cedo, e, diante dessa realidade, necessitamos tratar desse assunto com carinho e responsabilidade.

A frase de Léon Denis no início deste tema se refere ao gozo pleno da liberdade de Espíritos que já desenvolveram um estado de consciência amadurecido quanto à própria condição espiritual.

Na vida de nossos jovens, a liberdade é algo ansiado e almejado como o grande tesouro da vida. Daí a necessidade de alertarmos que a liberdade é sempre proporcional à responsabilidade.

A vida sexual pede muita responsabilidade e cuidado consigo mesmo e com quem se deseja ter um relacionamento.

É muito importante tratar desse tema, já que ele causa profundo fascínio na vida juvenil, que é o período das descobertas e da eclosão dos hormônios.

Período em que se descobre o prazer pela masturbação e tudo que envolve esse campo do desenvolvimento emocional e da estruturação psicológica de nossos jovens.

Precisamos falar dos riscos entre o normal e o vicioso, até mesmo para evitar processos obsessivos, caso a masturbação se torne um vício.

Também precisamos conversar sobre o risco da pornografia viciante, que pode levar os jovens a uma vida promíscua.

Todos esses fatores e outros que não relatamos aqui têm influência direta no lado espiritual da vida.

Atividades voltadas para a área da evangelização não podem prescindir, nesses tempos tão tecnológicos e em que o sexo está tão banalizado, de orientações maduras e seguras para dar norte aos jovens em sua ânsia pela liberdade.

As ideias preconceituosas sobre a condição heterossexual ou homoafetiva dos adolescentes impõem barreiras no estabelecimento de uma relação madura entre "evangelizandos" e evangelizadores.

A evangelização visa preparar o Espírito encarnado em fase juvenil para ser responsavelmente feliz hoje, e não na vida espiritual.

Falar sobre o uso de preservativos, orientando com relação a doenças sexualmente transmissíveis, faz parte de uma educação que prepara os jovens para viver a justa liberdade com responsabilidade.

Evangelizar não é catequizar e doutrinar os corações juvenis; por isso há urgência em orientar nossos garotos e garotas sobre a liberdade com responsabilidade.

Nosso papel é educar com qualidade e honestidade para que eles possam se irmanar em uma liberdade que fomente a fraternidade e o respeito.

✦

A EVANGELIZAÇÃO VISA PREPARAR O ESPÍRITO ENCARNADO EM FASE JUVENIL PARA SER RESPONSAVELMENTE FELIZ HOJE, E NÃO NA VIDA ESPIRITUAL. EVANGELIZAR NÃO É CATEQUIZAR E DOUTRINAR OS CORAÇÕES JUVENIS; POR ISSO HÁ URGÊNCIA EM ORIENTAR NOSSOS GAROTOS E GAROTAS SOBRE A LIBERDADE COM RESPONSABILIDADE.

AMAR

> Mas, acima de tudo, é preciso amar, pois, sem o amor, a vontade e o saber ficariam incompletos e, muitas vezes, estéreis.
> — LÉON DENIS[19]

Ainda falando dessas questões relativas à sexualidade, é urgente orientar nossos adolescentes quanto à diferença existente entre o amor e o sexo.

Amar não é o universo do gozo inconsequente.

O amor a que se refere Léon Denis passa primeiramente pelo respeito ao outro.

No mundo juvenil, em que os anseios e sonhos se confundem, o que chega até o jovem como orientação educativa ele pode entender como proibição.

---

19. Léon Denis. *O problema do ser e do destino*, parte 3 – As potências da alma, cap. 25. CELD.

Existem várias manifestações de amor em nossas vidas: o amor de nossos pais, de nossos irmãos, de nossos amigos, de namorados e namoradas.

O amor dos pais sempre vem acompanhado de regras, muitas vezes proibitivas, e essas regras têm em suas expressões o sentido orientador, e não o castrador.

Todavia, para o jovem que tem urgência em viver tudo aquilo que retarda sua imediata realização, é sempre desagradável, mas mesmo que ele não entenda assim, isso também é amor.

Muitas vezes, o meio em que o jovem vive e a família da qual ele faz parte trazem para a vida dele tremendas limitações.

Essas inibições que o olhar juvenil mais apressado pode entender como "castigo" de Deus, na verdade são barreiras de contenção amorosa que visam prevenir que o jovem enverede por descaminhos perigosos em sua encarnação.

A banalização do sexo nesses tempos modernos aproxima os adolescentes de comportamentos viciosos, e isso é muito delicado para a estrutura psicológica em formação.

Amar é respeitar o outro quando se "fica" com alguém.

Amar é respeitar-se, cuidando da saúde do próprio corpo.

Amar é não espalhar nudes pelo celular e levar aquele(a) que foi exposto(a) à humilhação.

Amar é ter paciência para aguardar o tempo certo do que se quer viver, e compreender que por mais que os pais pareçam equivocados a ação deles tem como impulso primeiro o cuidado com o jovem.

Como educadores, necessitamos dizer aos nossos jovens que sem amor nas pequeninas ações a vida não tem sentido.

Muitos jovens vivem o automatismo dos gozos vazios, porque o que os move é apenas aquilo que os olhos podem contemplar.

E, quando eles sofrem algum revés, a frustração tem o peso de uma sentença de morte, porque não encontram sentido na vida.

Por isso, é preciso amar a Deus e toda a sua criação sem esquecer que todos fazemos parte do contexto divino.

Sem amor, como ensina Léon Denis, o saber e a vontade não têm sentido.

☆

AMAR É RESPEITAR O OUTRO QUANDO SE "FICA" COM ALGUÉM. AMAR É RESPEITAR-SE, CUIDANDO DA SAÚDE DO PRÓPRIO CORPO. AMAR É TER PACIÊNCIA PARA AGUARDAR O TEMPO CERTO DO QUE SE QUER VIVER. É PRECISO AMAR A DEUS E TODA A SUA CRIAÇÃO SEM ESQUECER QUE TODOS FAZEMOS PARTE DO CONTEXTO DIVINO. SEM AMOR, O SABER E A VONTADE NÃO TÊM SENTIDO.

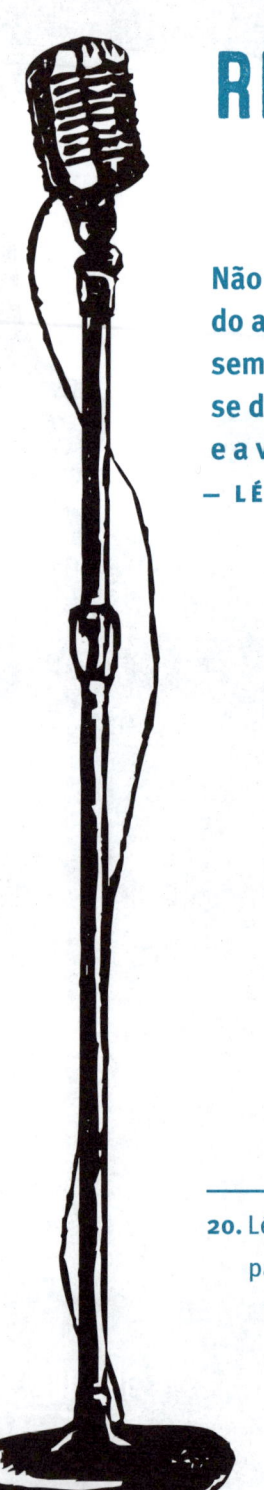

REBELDE COM CAUSA

Não se trata, neste caso, do amor que contempla sem agir, mas daquele que se dedica a difundir o bem e a verdade, no mundo.
— LÉON DENIS [20]

Cada um de nós deixa as suas marcas ao passar pelo mundo.

E essa realidade não acontece apenas no fim da vida de um indivíduo, quando ele envelhece.

Quantos jovens pelo mundo deixam suas marcas luminosas por meio de muitas ações revolucionárias?

Não se trata de rebeldia sem sentido; a revolução a que me refiro é aquela que ocorre dentro do coração e se exterioriza por meio de nossas palavras e ações.

---

20. Léon Denis. *O problema do ser e do destino*, parte 3 – As potências da alma, cap. 25. CELD.

20

O que move a vida dos jovens que transformam o mundo não é a rebeldia, mas o amor.

Os que amam de verdade não são indiferentes às lutas e às dores do mundo.

A indiferença é cumplice do mal, mas o amor é operante e age mudando vidas, amparando e socorrendo.

São muitas as ações que os jovens realizam quando deixam o estreito espaço do próprio umbigo.

Os jovens podem ser braços vibrantes de Deus agindo na Terra.

Quando a boca de um jovem se abre para falar de amor, o protagonismo juvenil ganha voz no mundo inteiro.

A juventude é como um rio caudaloso de águas agitadas que desconhece a força que tem.

Quando a força desse rio é disciplinada pelas comportas do amor, a usina é capaz de gerar o amor e a paz que alcançam o céu.

A inércia não combina com a força juvenil.

Precisamos arrancar os jovens hipnotizados da desesperança e lançá-los a uma vida produtiva.

Lembrá-los de que o frescor juvenil deve arejar o mundo arcaico e preconceituoso.

Precisamos dar as mãos para todos os jovens – brancos, negros, gays, lésbicas, católicos, espíritas, protestantes, não importa quem sejam eles –, porque assim Deus falará pelas bocas juvenis, trazendo esperança verdadeira para o mundo.

Deixemos nas trincheiras da ignorância os que ainda tateiam na sombra da preguiça.

O amor juvenil precisa difundir, como afirma Léon Denis, o bem e a verdade.

Quando isso acontecer, terá nascido nova aurora para a humanidade.

Quando esse dia chegar teremos compreendido que todos somos filhos de um mesmo Pai, criados sob a mesma ação amorosa.

Assim, naturalmente, aceitaremos a regência de Jesus, nosso Mestre, modelo e guia.

✩

O QUE MOVE A VIDA DOS JOVENS QUE TRANSFORMAM O MUNDO NÃO É A REBELDIA, MAS O AMOR. OS QUE AMAM DE VERDADE NÃO SÃO INDIFERENTES ÀS LUTAS E ÀS DORES DO MUNDO. O AMOR JUVENIL PRECISA DIFUNDIR O BEM E A VERDADE. QUANDO ISSO ACONTECER, TERÁ NASCIDO NOVA AURORA PARA A HUMANIDADE.

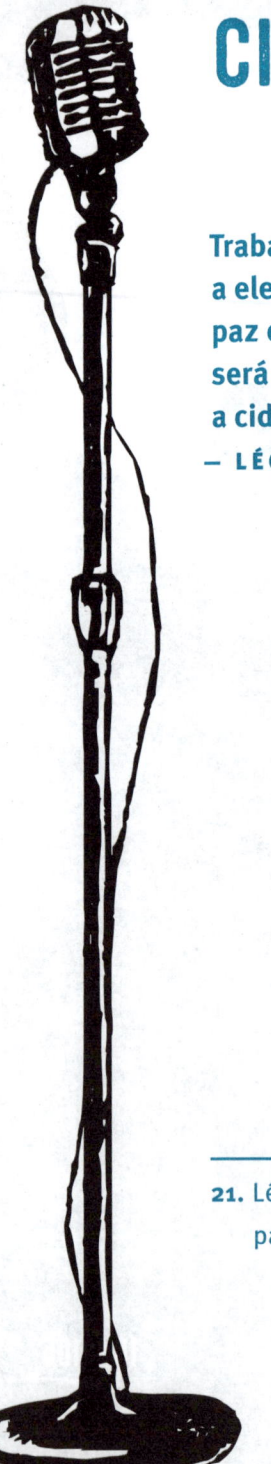

CIDADE DE DEUS

Trabalha para construir a elevada cidade de paz e de harmonia que será a cidade do amor, a cidade de Deus!
— LÉON DENIS [21]

A construção da cidade elevada da paz a que se refere Léon Denis, aquela que refletirá a presença de Deus em nós, passa pela construção do amor em nosso coração.

Existe uma canção muito conhecida do compositor Nando Cordel de nome *Paz pela paz*, que diz, em um de seus trechos emocionantes:

> **A paz do mundo**
> **Começa em mim**

---

21. Léon Denis. *O problema do ser e do destino*, parte 3 – As potências da alma, cap. 25. CELD.

21

Vemos refletido no mundo aquilo que existe dentro de nós.

Então, para atender à orientação de Léon Denis, precisamos trabalhar para erguer essa cidade que se revelará pela paz e pela harmonia.

Toda construção nova precisa de alicerces fortes sobre os quais possa se elevar.

Dessa forma, a cidade elevada deve ter seus fundamentos solidificados na fraternidade entre os homens.

Necessitamos dos tijolos da compreensão, do cimento da paciência, das pedras do respeito.

Todos esses e outros sentimentos devem habitar nossos corações.

Quando temos sentimentos nobres, nossas ações são dignas e alicerçadas no amor.

O mundo regenerado pelo qual todos ansiamos existe dentro de nossas almas, e precisamos vivê-lo agora.

Não importa se os homens ainda são maus, pois a maioria já anseia pela renovação social, que virá.

Jesus caminhava na Palestina; Ele veio ao mundo nos ensinar a melhor estratégia para construir um planeta melhor.

A Palestina hoje é o mundo inteiro, e o Cristo caminha pelas ruelas de nosso coração.

E Ele nos chama por meio dos pequeninos que sofrem e andam perdidos por aí.

Quantos jovens se encontram nas sombras da ignorância, herdeiros da dor dos adultos que os abandonaram.

Mesmo sabendo dessa realidade, não podemos perder tempo, e devemos construir a cidade elevada.

Comecemos agora, assentando o primeiro tijolo dentro de nossa alma.

O mundo novo começa em nós.

☆

DEVEMOS CONSTRUIR
A CIDADE ELEVADA.
NECESSITAMOS DOS TIJOLOS
DA COMPREENSÃO, DO
CIMENTO DA PACIÊNCIA,
DAS PEDRAS DO RESPEITO.
COMECEMOS AGORA,
ASSENTANDO O PRIMEIRO
TIJOLO DENTRO DE NOSSA
ALMA. O MUNDO NOVO
COMEÇA EM NÓS.

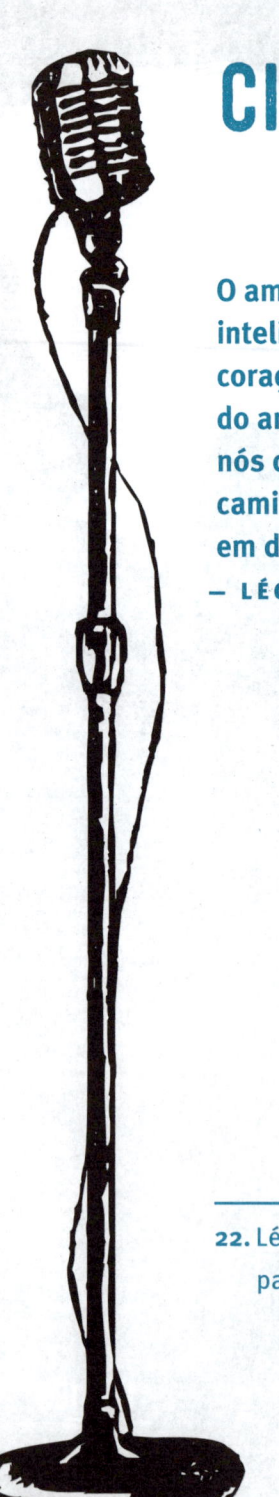

CICLOS

O amor refina a inteligência, alarga o coração, e é com a soma do amor acumulado em nós que podemos medir o caminho que percorremos, em direção a Deus.
— LÉON DENIS [22]

Para os jovens, nos dias de hoje, nem sempre é fácil lidar com tantos convites do mundo.

As baladas são atraentes, os prazeres se encontram ao alcance das mãos.

Sempre dizemos aos jovens que eles devem aproveitar a bonita juventude para curtir as coisas dessa fase da vida.

Contudo, precisamos falar também dos (muitos) riscos que a modernidade traz.

---

22. Léon Denis. *O problema do ser e do destino*, parte 3 – As potências da alma, cap. 25. CELD.

Pode parecer que sim, mas a vida não é uma colônia de férias para onde viemos apenas para gozar de prazeres.

Quando tudo parece estar bem, chega a notícia de que alguém partiu, um ídolo da música, um colega da escola, alguém dentro do lar. Então, a situação fica sinistra e tudo perde a graça.

Depois de um tempo as coisas melhoram.

Alegria, diversão, namoro e baladas.

Escola, ENEM, faculdade, formatura.

E, depois de tanto esforço, enfim, a vida adulta.

Quando menos se espera, as dificuldades voltam a aparecer. Alguém foi preso, alguém partiu, alguém morreu.

E parece que a vida se repete de tempos em tempos; pois é… São os ciclos, que terminam e recomeçam.

E qual é o segredo para se viver numa boa?

Não existe uma receita ou um segredo, mas existe o entendimento de que a vida na Terra é assim.

Cada jovem, em um determinado momento, experimentará a frustração consigo mesmo.

Pessoas vão te decepcionar, o(a) namorado(a) vai, a família vai, o emprego vai, a escola vai, a faculdade vai... E você também será motivo de decepção para alguém.

O que fará a diferença em tudo isso será a sua compreensão sobre a vida; o filtro que você usará para administrar todos os momentos da vida, tanto os bons quanto os maus.

E, quando conseguirmos lidar com as dificuldades e com o caminho, poderemos entender que já percorremos alguma distância na direção de Deus.

Léon Denis nos fala com carinho que:

O amor refina a inteligência, alarga o coração, e é com a soma do amor acumulado em nós que podemos medir o caminho que percorremos, em direção a Deus.

⭐

A VIDA NÃO É UMA COLÔNIA DE FÉRIAS PARA ONDE VIEMOS APENAS PARA GOZAR DE PRAZERES. CADA JOVEM, EM UM DETERMINADO MOMENTO, EXPERIMENTARÁ A FRUSTRAÇÃO CONSIGO MESMO. O QUE FARÁ A DIFERENÇA SERÁ A SUA COMPREENSÃO SOBRE A VIDA; O FILTRO QUE VOCÊ USARÁ PARA ADMINISTRAR TODOS OS MOMENTOS DA VIDA, TANTO OS BONS QUANTO OS MAUS.

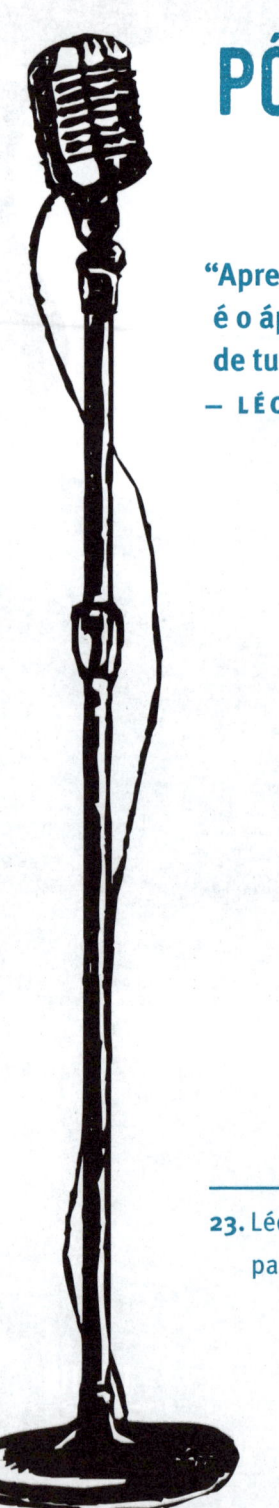

PÓDIO DE CHEGADA

"Aprende a amar"! O amor é o ápice de tudo, o alvo de tudo, o objetivo de tudo.
— LÉON DENIS [23]

Dedico este texto a um jovem muito talentoso que desencarnou há alguns anos e que tinha na música a expressão de sua arte: Cazuza.

No desejo de viver intensamente tudo o que era possível, ele contraiu o vírus da AIDS.

E, em sua poesia, dentre tantas músicas, ele nos deixou muitos ensinamentos legais sobre os quais podemos refletir, pois vão ao encontro do que Léon Denis nos pede, quando diz:

---

[23]. Léon Denis. *O problema do ser e do destino*, parte 3 – As potências da alma, cap. 25. CELD.

23

"Aprende a amar"! O amor é o ápice de tudo, o alvo de tudo, o objetivo de tudo.

Quem já viveu e ainda vive a juventude tem a falsa impressão da imortalidade física.

E, na pressa de viver tudo o que a vida oferece, às vezes pegamos atalhos ilusórios e chegamos a becos sem saída.

A poesia de Cazuza na letra da música *O tempo não para* expressa muito bem essa realidade.

Encontramos muitos jovens armados e com suas metralhadoras carregadas de mágoa, porque os sonhos que anelavam não deram certo.

Léon Denis nos fala de que o único caminho que vale a pena é o do amor, pois ele nos leva ao pódio da vitória contra nós mesmos e contra nossas loucuras intermináveis, nossos desejos tormentosos.

O tempo não para
[Agenor de Miranda Araújo Neto; Arnaldo Pires Brandão]

Disparo contra o sol
Sou forte, sou por acaso
Minha metralhadora
    cheia de mágoas
Eu sou um cara
Cansado de correr
Na direção contrária
Sem pódio de chegada ou
    beijo de namorada
Eu sou mais um cara

**Mas se você achar
Que eu tô derrotado
Saiba que ainda estão
   rolando os dados
Porque o tempo,
   o tempo não para**

**Dias sim, dias não
Eu vou sobrevivendo
   sem um arranhão
Da caridade de quem
   me detesta**

**A tua piscina tá
   cheia de ratos
Tuas ideias não
   correspondem aos fatos
O tempo não para**

**Eu vejo o futuro repetir
   o passado
Eu vejo um museu de
   grandes novidades
O tempo não para
Não para, não, não para**

Alguém pode achar estranho o convite que fiz para a reflexão sobre Léon Denis usando a poesia de Cazuza e pode dizer que uma coisa não tem nada a ver com a outra.

Peço licença para afirmar que Cazuza, de certa forma, no desejo de viver a vida como ele queria e entendia, expressou Léon Denis na busca do amor.

Cazuza descobriu que o ápice da vida é o amor, mesmo tendo feito isso de maneira dolorosa.

Cazuza aprendeu que o único pódio que vale a pena alcançar é o do AMOR.

✦

O ÚNICO CAMINHO QUE VALE A PENA É O DO AMOR, POIS ELE NOS LEVA AO PÓDIO DA VITÓRIA CONTRA NÓS MESMOS E CONTRA NOSSAS LOUCURAS INTERMINÁVEIS, NOSSOS DESEJOS TORMENTOSOS. O ÁPICE DA VIDA É O AMOR. O ÚNICO PÓDIO QUE VALE A PENA ALCANÇAR É O DO AMOR.

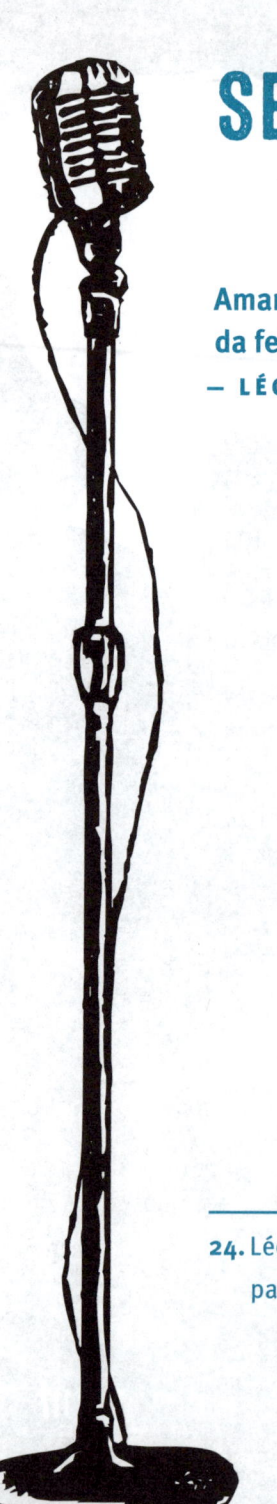

SEGREDO

Amar é o segredo da felicidade.
— LÉON DENIS[24]

Entre amar e ser feliz há uma estrada longa, porque para amar é preciso aprender a enamorar-se de muitas virtudes.

O amor instantâneo não é um amor que gera felicidade; é paixão, e paixão pode acabar em um gemido, ou em um suspiro.

Mas o amor genuíno não se explica, porque ele se estabelece na alma da gente.

Juntemos Carlos Drummond de Andrade com Léon Denis para que nossos horizontes de compreensão sobre o amor se dilatem.

---

[24]. Léon Denis. *O problema do ser e do destino*, parte 3 – As potências da alma, cap. 25. CELD.

Será que podemos contar as razões do amor?

As sem-razões do amor
[Carlos Drummond de Andrade]

Eu te amo porque te amo,
Não precisas ser amante,
e nem sempre sabes sê-lo.
Eu te amo porque te amo.
Amor é estado de graça
e com amor não se paga.

Amor é dado de graça,
é semeado no vento,
na cachoeira, no eclipse.
Amor foge a dicionários
e a regulamentos vários.

Eu te amo porque não amo
bastante ou demais a mim.
Porque amor não se troca,
não se conjuga nem se ama.
Porque amor é amor a nada,
feliz e forte em si mesmo.

Amor é primo da morte,
e da morte vencedor,
por mais que o matem
   (e matam)
a cada instante de amor.

   Léon Denis e Drummond nos levam a descobrir o segredo da felicidade.
   Quem ama sem cobrar nada em troca basta-se de felicidade.

ENTRE AMAR-
HA UMA ESTR
PORQUE PARA
E PRECISO AP
A ENAMORAR-
MUITAS VIRTU
AMOR INSTAN
E UM AMOR C
FELICIDADE;

ENTRE AMAR E SER FELIZ HÁ UMA ESTRADA LONGA, PORQUE PARA AMAR É PRECISO APRENDER A ENAMORAR-SE DE MUITAS VIRTUDES. O AMOR INSTANTÂNEO NÃO É UM AMOR QUE GERA FELICIDADE; É PAIXÃO, E PAIXÃO PODE ACABAR EM UM GEMIDO, OU EM UM SUSPIRO. O SEGREDO DA FELICIDADE: QUEM AMA SEM COBRAR NADA EM TROCA.

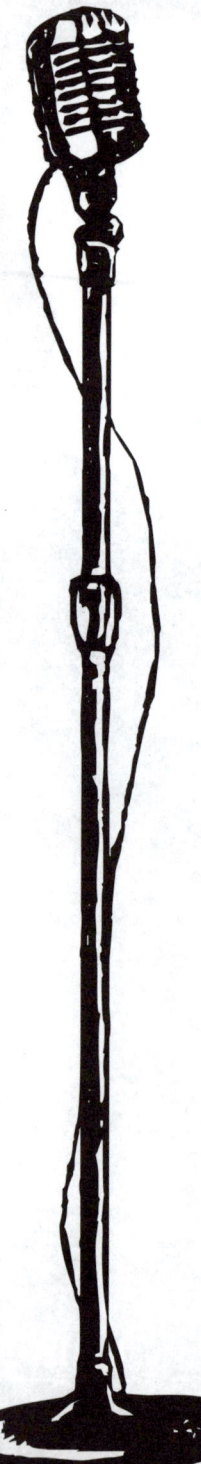

CALMA

Em uma palavra, o amor resolve todos os problemas, dissipa todas as obscuridades.
— LÉON DENIS[25]

Isso ocorre mesmo quando a situação está complicada e temos dificuldade em falar com nossos pais; mesmo quando eles são autoritários e mandões e não ouvem o que temos a dizer; mesmo quando eles falam grosseiramente com a gente na frente de nossos colegas, e isso dá uma raiva imensa deles; mesmo quando eles nos tratam como crianças na frente de nossos(as) namorados(as) e temos vontade de morrer.

---

25. Léon Denis. *O problema do ser e do destino*, parte 3 – As potências da alma, cap. 25. CELD.

25

Mesmo tendo razão em todas as situações que citamos anteriormente, o amor por nossos pais deve falar mais alto.

A adolescência é uma fase delicada e, em muitas situações, a sensação é de escuridão total, de que não há saída.

Nessa fase, alguns sentimentos surgem como uma grande onda que parece sufocar o coração juvenil.

É justamente nessas situações que é preciso manter a calma.

Aquele amor que você imaginava que seria para a vida toda teve uma longa duração de trinta dias.

Aquela prova de física que te fazia perder o sono e tremer de medo, da ponta dos pés ao couro cabeludo.

Aquele dia em que alguém jurou te pegar lá fora e você deu um jeito de sair mais cedo para evitar o "duelo".

Não importa qual tenha sido a situação enfrentada, pois todas elas foram difíceis em algum momento, mas, depois, tudo foi superado.

O que antes era um monstro ficou para trás, e a maioria de seus medos eram grandes problemas apenas dentro de sua cabeça.

A vida prossegue, e você caminha firme para a fase adulta de sua vida; mas os apertos e as dificuldades da adolescência certamente trouxeram alguns ensinamentos.

Então, não se esqueça de que o amor soluciona todos os problemas.

Isso não quer dizer que na hora da dificuldade você deva sair pelas ruas abraçando as pessoas que não se identificam contigo.

O amor tem muitas faces, e dele parte toda a luz para espantar as sombras que surgem pelo caminho.

Paciência, esforço, calma, sabedoria, perdão, coragem e responsabilidade. Pois é, todas essas virtudes são filhas do amor, além de muitas outras mais; por isso é preciso compreender que todas as nossas ações que evitem o mal e se transformem no bem são filhas do amor.

Quando Léon Denis escreve que "o amor resolve todos os problemas" ele quer dizer que o amor é como um sol que derrama seus raios por todos os caminhos do mundo percorridos pelos jovens.

Algumas pessoas, por muito amarem, transformam-se em pequenos sóis que iluminam nossas vidas.

É o caso de algumas mães e alguns pais que já conseguem amar sem o desejo de posse ou de domínio.

Um dia, todos nós seremos pequenos sóis na vida de nossos amores.

✦

A ADOLESCÊNCIA É UMA FASE DELICADA E, EM MUITAS SITUAÇÕES, A SENSAÇÃO É DE ESCURIDÃO TOTAL. DO AMOR PARTE TODA A LUZ PARA ESPANTAR AS SOMBRAS. ALGUMAS PESSOAS, POR MUITO AMAREM, TRANSFORMAM-SE EM PEQUENOS SÓIS QUE ILUMINAM NOSSAS VIDAS. UM DIA, TODOS NÓS SEREMOS PEQUENOS SÓIS NA VIDA DE NOSSOS AMORES.

"AMORLESCENTE"

> O amor salvará o mundo; seu calor provocará o derretimento do gelo da dúvida, do egoísmo, do ódio; enternecerá os corações mais duros e mais refratários.
> — LÉON DENIS [26]

O "amorlescente" é cheio de encantamentos e sonhos dourados, é um sentimento mágico que supera *Harry Potter*.

É um estado de vida diferente; em que tudo é mais intenso e colorido.

O primeiro amor a gente nunca esquece, e o primeiro fora também não.

Normalmente, o primeiro amor na adolescência se assemelha a um filme de longa-metragem dramático.

Quando começa, leva qualquer coração juvenil para fora da galáxia.

---

26. Léon Denis. *O problema do ser e do destino*, parte 3 – As potências da alma, cap. 25. CELD.

Quando termina, leva para o precipício que fica dentro do precipício.

A capacidade de sonhar de todo jovem é algo a ser estudado e sentido.

O amor adolescente invade reinos, queima navios e toma castelos.

Amar na adolescência é viver em constante estado de arrebatamento, de alegria e do mais profundo sofrimento.

No entanto, o amor a que se refere Léon Denis, quando diz que

> **O amor salvará o mundo; seu calor provocará o derretimento do gelo da dúvida, do egoísmo, do ódio; enternecerá os corações mais duros e mais refratários [...]**

é o amor que transcende o corpo.

Um amor que ainda não conhecemos, pois ele é incondicional.

Um amor incondicional ama as pessoas como elas são.

E isso é algo ainda inimaginável para nós.

Um amor incondicional derrete as geleiras da indiferença humana, aquece o gelo da incompreensão e dissipa todas as nuvens da dúvida.

O amor incondicional enche o coração de ternura e o faz transbordar afetividade.

O amor incondicional não se expressa por meio do amor material, porque é o Espírito aquele que ama.

✦

O AMOR AQU[I]
INVADE REIN[OS]
NAVIOS E TOM[A]
NO ENTANTO,
SALVARÁ O M[UNDO]
QUE TRANSC[ENDE]
UM AMOR QU[E]
CONHECEMOS
INCONDICION[AL]

O AMOR ADOLESCENTE INVADE REINOS, QUEIMA NAVIOS E TOMA CASTELOS. NO ENTANTO, O AMOR QUE SALVARÁ O MUNDO É O AMOR QUE TRANSCENDE O CORPO. UM AMOR QUE AINDA NÃO CONHECEMOS, POIS ELE É INCONDICIONAL. O AMOR INCONDICIONAL NÃO SE EXPRESSA POR MEIO DO AMOR MATERIAL, PORQUE É O ESPÍRITO AQUELE QUE AMA.

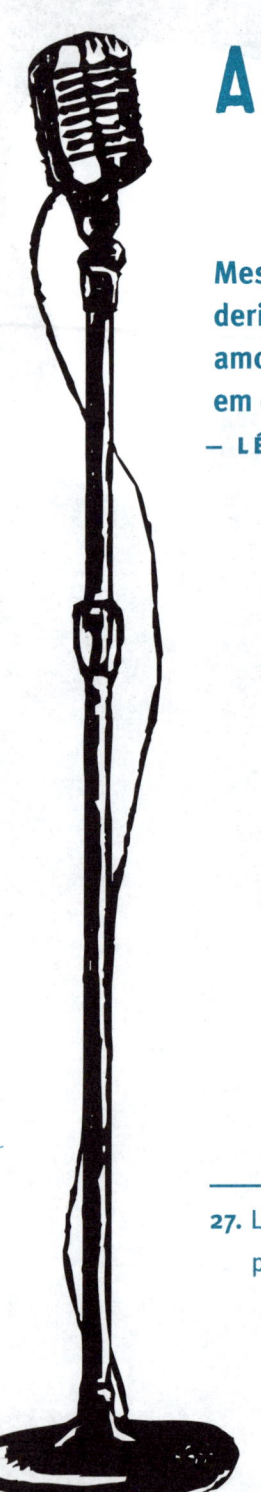

ACEITAR-SE

Mesmo em suas derivações magníficas, o amor é sempre um esforço em direção à beleza.
— LÉON DENIS [27]

Muitos são os jovens que têm imensa dificuldade em se aceitar como são.

Alguns reclamam do corpo, do cabelo, do nariz, da boca, da cor e das lutas íntimas com a própria condição sexual.

São muitas as dores e muitos os conflitos juvenis, que terminam por levar aqueles que são mais frágeis emocionalmente a resvalar em práticas como a automutilação e até mesmo o suicídio.

Quando nos matriculamos na escola da vida e reencarnamos para mais um ano letivo, ou

---

27. Léon Denis. *O problema do ser e do destino*, parte 3 – As potências da alma, cap. 25. CELD.

27

seja, para mais uma reencarnação, recebemos o material necessário para o nosso crescimento e, caso nos esforcemos, alcançaremos o consequente aprendizado.

Se tivéssemos todas as condições satisfeitas para ser os modelos perfeitos daquilo que o mundo exige, certamente seríamos envolvidos pela ilusão.

Cada jovem possui sua beleza própria; cada indivíduo carrega em si a real possibilidade de ser feliz.

Ocorre que neste mundo, em que a maioria das pessoas vive em busca de prazeres e ilusões, muitos jovens são envolvidos por modelos de perfeição e de beleza apresentados pelas mídias.

Então, é extremamente frustrante para garotos e garotas perceberem que eles não têm nada em comum com os garotos mais bonitos e curtidos pelas garotas, e também as garotas se frustram ao perceber que não têm o cabelo igual ao da atriz do momento, que a boca não fica bem com o mesmo batom usado pela cantora jovem e popular do momento.

Aquela roupa não fica bem no corpo, aquele boné de marca é muito caro e não pode ser comprado, aquele telefone celular custa muito dinheiro...

Esses são os modelos de felicidade vendidos para os nossos jovens e, sem que se deem conta, eles se tornam reféns dessa ilusória proposta de vida.

Quando os jovens abandonam suas belezas naturais em busca de belezas artificias que a mídia oferece eles se perdem em si mesmos.

Abandonam-se e não se dão conta do mal que fazem a si próprios.

A melhor roupa é a que deixa a alma bonita, ou seja, precisamos andar bem vestidos de sentimentos legais, porque a verdadeira beleza vem de dentro.

Não é porque todo mundo na escola usa tal marca que você deve usar.

O seu cabelo tem estilo próprio, beleza própria, valorize-o!

Você já parou para pensar que em todo o Universo não existe ninguém com as suas características?

A grande questão é descobrir em si aquilo que a ilusão do mundo não quer que você descubra: seu poder e sua beleza.

Não se condene, não se desvalorize!

É o amor que ressaltará sua beleza.

É a maneira como você se cuida e se ama que determinará a beleza de sua alma.

E se porventura amanhã existir alguma necessidade de adequação estética para a sua alegria e felicidade, não se preocupe: busque ajuda de profissionais responsáveis e cuide de sua saúde interior e de sua beleza exterior.

A ciência existe para trazer felicidade ao homem, mas jamais se esqueça de que a beleza vem de dentro. Existem garotos e garotas belíssimos que vivem atormentados por uma feiura interior, por não terem dentro de si sentimentos nobres que manifestem o amor.

O amor é o melhor tratamento de beleza que existe.

★

A MELHOR ROUPA É A QUE DEIXA A ALMA BONITA, OU SEJA, PRECISAMOS ANDAR BEM VESTIDOS DE SENTIMENTOS LEGAIS, PORQUE A VERDADEIRA BELEZA VEM DE DENTRO. É A MANEIRA COMO VOCÊ SE CUIDA E SE AMA QUE DETERMINARÁ A BELEZA DE SUA ALMA. O AMOR É O MELHOR TRATAMENTO DE BELEZA QUE EXISTE.

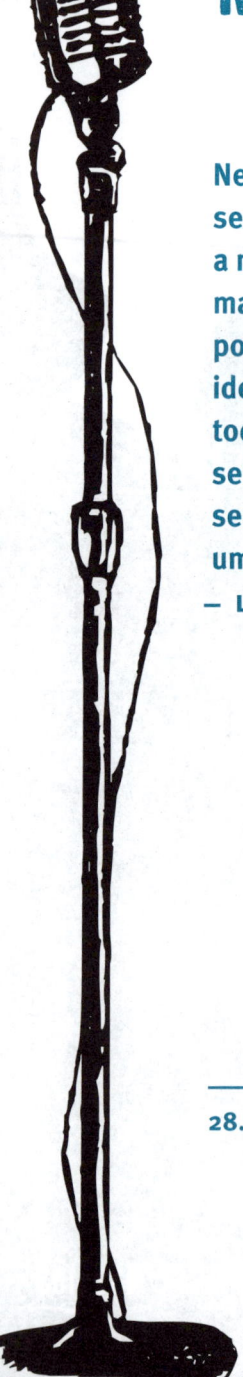

MUTAÇÃO SEXUAL

Nem mesmo existe amor sexual, entre o homem e a mulher que, por mais material que pareça, não possa aureolar-se de ideal e poesia, perder todo o caráter vulgar, se a ele se mesclar um sentimento de estética e um pensamento superior.
— LÉON DENIS [28]

Normalmente, os primeiros olhares buscam a beleza estética que, por sua vez, dispara o interesse físico.

Esse mecanismo é experimentado pela maioria dos jovens e dos adultos.

Quando os dois são livres para viver suas escolhas, ótimo.

As relações desses tempos são instantâneas, e as pessoas se atiram nos braços umas das outras e terminam experimentando o contato íntimo.

---

28. Léon Denis. *O problema do ser e do destino*, parte 3 – As potências da alma, cap. 25. CELD.

28

Grande parte busca o prazer pelo prazer, pondo em risco a própria saúde e comprometendo uma vida inteira em troca de segundos de satisfação.

A razão maior desses eventos não é outra senão a troca de gozos, em que pouco importa quem seja a outra parte desde que ela desperte o desejo intenso, que é o atalho que leva as pessoas para a cama.

Cachorros também fazem sexo, mas não amam, necessariamente.

O contato sexual entre pessoas que não desenvolveram afeto, mas que se envolvem tendo no desejo o motivo maior de sua entrega sempre tem conexões perigosas na dimensão espiritual; são os chamados vampiros.

Isso acontece porque a prática sexual não tem a blindagem oferecida pelo sentimento do afeto sincero, do amor.

Como esses encontros se dão para a manifestação da animalidade presente no sexo pelo sexo, os parceiros ficam vulneráveis e dividem a cama com companhias invisíveis.

Entretanto, se do contato que se iniciou apenas pelo lado sexual a poesia do afeto for escrita pelos corações envolvidos, tudo muda.

Se do contato entre os envolvidos nascer um pensamento de amor, o ambiente se modifica, e o que antes era apenas desejo se transforma em afeição.

Quando a beleza do sentimento se manifesta na união dos corpos tudo vira poesia abençoada no concerto da vida.

Não existe coração que seja intransponível para as belezas do amor.

O que antes era lodo e vulgaridade transforma-se em lírio perfumado.

Algumas pessoas optam pelo prazer insaciável; outras escolhem a intimidade sexual amorosa, que é plena de saciedade e felicidade verdadeira.

☆

QUANDO A BELEZA DO SENTIMENTO SE MANIFESTA NA UNIÃO DOS CORPOS TUDO VIRA POESIA ABENÇOADA NO CONCERTO DA VIDA. NÃO EXISTE CORAÇÃO QUE SEJA INTRANSPONÍVEL PARA AS BELEZAS DO AMOR. ALGUMAS PESSOAS OPTAM PELO PRAZER INSACIÁVEL; OUTRAS ESCOLHEM A INTIMIDADE SEXUAL AMOROSA, QUE É PLENA DE SACIEDADE E FELICIDADE VERDADEIRA.

EMPODERAMENTO PELO AMOR

Aquela que ama, sente e vê coisas que o homem não pode conhecer. Ela possui, em seu coração, inesgotáveis reservas de amor, uma espécie de intuição que pode dar uma ideia do amor eterno.
— LÉON DENIS [29]

Não há dúvida de que o amor é o grande poder a ser conquistado.

Referimo-nos ao amor que não se apequena e não se limita ao estreito contexto dos apaixonados do mundo.

Falo de um amor que empodera espiritualmente qualquer pessoa que o sinta, pois dá capacidade e compreensão sobre o sentido da vida.

O amor não se limita a um contato íntimo entre duas pessoas que se amam.

---

29. Léon Denis. *O problema do ser e do destino*, parte 3 – As potências da alma, cap. 25. CELD.

29

O amor se expande de quem o sente para o mundo em derredor.

É uma força silenciosa e, ao mesmo tempo, irresistível.

É como se aquele que ama de maneira transcendente, além do que o corpo físico experimenta de bem-estar, subisse ao alto da montanha e de lá contemplasse tudo com gratidão e alegria.

É olhar para as pessoas e, mesmo não tendo afinidade ou proximidade com elas, sentir dentro de si respeito, carinho e compaixão.

O amor a que nos referimos é o que Jesus sente por nós, pois mesmo conhecendo a nossa pequenez não se limita e não se estreita, mas sempre se expande e se regozija por existir.

É como nos orienta Léon Denis, quando afirma que aquele que ama tem um olhar mais abrangente, que não se limita às coisas que os olhos podem ver.

Trata-se de um empoderamento espiritual que permite vislumbrar pela intuição a existência real do amor e do belo além dos limites do concreto.

O amor abre portais para a compreensão da vida e para o fortalecimento daquele que ama em sua trajetória pelo mundo.

É como se aquele que ama se transportasse acima das coisas mesquinhas e humanas que mantêm o jovem preso e se arrastando na Terra.

O amor é o processo de metamorfose que a alma experimenta constantemente à medida que se esforça para elevar a sua compreensão sobre as dores e alegrias que compõem o panorama deste planeta.

Amar é armar-se de leveza e de compreensão.

Amar é aceitar as lutas, mas não se entregar ao desespero e ao desânimo.

Seja qual for a dificuldade enfrentada na escola ou em família, em qualquer situação o amor é a fortaleza em que todos os garotos e garotas podem se abrigar para construir em si as alegrias imperecíveis do Reino de Deus.

☆

AMAR É ARMAR-SE DE
LEVEZA E DE COMPREENSÃO.
AMAR É ACEITAR AS LUTAS,
MAS NÃO SE ENTREGAR
AO DESESPERO E AO
DESÂNIMO. SEJA QUAL FOR A
DIFICULDADE ENFRENTADA,
EM QUALQUER SITUAÇÃO O
AMOR É A FORTALEZA EM
QUE TODOS OS GAROTOS E
GAROTAS PODEM SE ABRIGAR
PARA CONSTRUIR EM SI AS
ALEGRIAS IMPERECÍVEIS
DO REINO DE DEUS.

VIAGEM BREVE

Entretanto, as alegrias do amor terrestre são fugidias e mescladas de amarguras. Não existem sem-decepções, sem-recuos e sem-quedas. Só Deus é o amor em sua plenitude.
— LÉON DENIS[30]

A vida na Terra é como uma viagem encantadora.

Olhamos para tudo que o planeta oferece, mas não podemos reter nada, muito menos possuir qualquer coisa; nem objetos, muito menos pessoas. Retemos apenas o que nosso coração consegue carregar, nada além disso.

Então, descobrimos, principalmente na juventude, que a vida é um incessante ciclo de aprendizado.

---

30. Léon Denis. *O problema do ser e do destino*, parte 3 – As potências da alma, cap. 25. CELD.

30

Às vezes, choramos; outras vezes, sorrimos.

O amor que experimentamos neste mundo sempre traz o aprendizado difícil da decepção.

Não importa quem seja a pessoa amada; em algum momento ela nos presenteará com alguma decepção.

Entretanto, precisamos refletir se as decepções não nascem de expectativas falsas que criamos e alimentamos para atender aos nossos desejos.

Vivemos como se fôssemos daqui, porque nos esquecemos rapidamente de que estamos apenas de passagem, e isso cria uma falsa impressão de posse de coisas e pessoas.

Todavia, basta bater um vento mais forte que somos abalados pela fragilidade de nossa vida.

Nada temos, nada juntamos além de afetos.

A visão de Léon Denis sobre as alegrias fugazes dos amores terrenos é muito clara e perfeita.

Unimo-nos a muitas pessoas com as quais não desenvolvemos afinidade espiritual.

Assim, quando achamos que temos um amor, a vida vem e leva para longe pessoas que até ontem, seguramente, faziam parte do grupo de seres humanos de quem jamais conseguiríamos aceitar a ausência.

O aprendizado é constante e não cessa.

E, quando alguma relação acaba, ficamos a refletir: se não era para durar, por que começou?

Tudo dura o tempo exato que tem que durar, de acordo com nossas necessidades de aprendizado.

A grande verdade é que mesmo os pequenos e fugazes amores são instrumentos que nos ajudam a desenvolver a capacidade de um dia viver o amor de Deus.

O amor de Deus é atemporal, e não se contamina com as coisas do mundo.

Só Deus é o amor em sua plenitude.
— LÉON DENIS

A GRANDE VERDADE É QUE MESMO OS PEQUENOS E FUGAZES AMORES SÃO INSTRUMENTOS QUE NOS AJUDAM A DESENVOLVER A CAPACIDADE DE UM DIA VIVER O AMOR DE DEUS. O AMOR DE DEUS É ATEMPORAL, E NÃO SE CONTAMINA COM AS COISAS DO MUNDO.

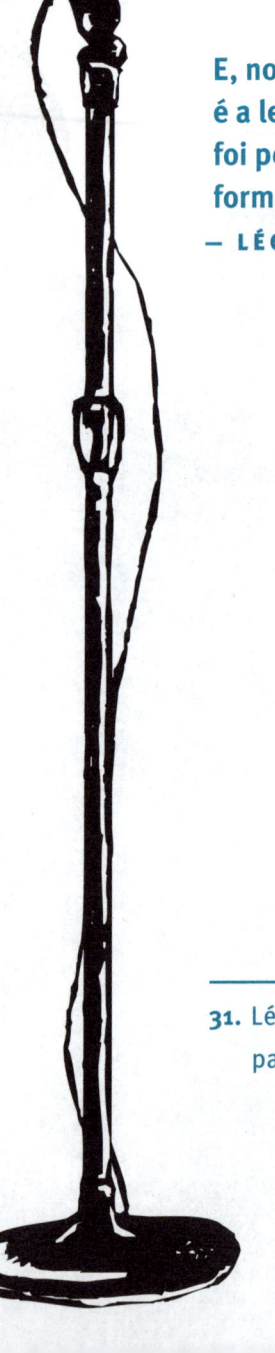

PALCO DA VIDA

E, no entanto, o amor é a lei do Universo e foi por amor que Deus formou os seres.
— LÉON DENIS [31]

O amor é uma lei natural sob a qual todos nós estaremos submetidos um dia.

Por isso, é importante que em todas as nossas ações coloquemos o melhor de nós, desde gestos até as palavras que dizemos.

Se pararmos para pensar na obra de Deus, veremos que tudo se encadeia de maneira perfeita na criação.

---

31. Léon Denis. *O problema do ser e do destino*, parte 3 – As potências da alma, cap. 26. CELD.

31

É claro que garotos e garotas poderão perguntar: "Mas onde é que eu encontro a presença de Deus?". Responderemos que, segundo a doutrina espírita, não existe efeito sem causa; portanto, observe tudo o que não foi feito pelo homem e chegará ao resultado matemático de que foi Deus quem criou tudo mais que existe.

Na perfeição de sua obra, podemos colher palidamente algumas impressões sobre o amor de Deus por tudo e por todos.

No grande palco da vida tudo está disposto para que possamos viver e promover o nosso crescimento da melhor maneira possível.

Se existem misérias e dificuldades, elas são geradas pelo egoísmo humano.

Então, não podemos nos esquecer de que estamos vivos por amor, respiramos por amor, falamos por amor, ouvimos por amor.

Também experimentamos limitações por amor, e não por castigo.

Até as dificuldades que a vida nos traz têm como pano de fundo o amor que a tudo ilustra e ajuda a desenvolver.

Quando garotos e garotas tiram nota baixa na escola, em qualquer disciplina, ou são reprovados por qualquer outro motivo, um bom pai não os afasta da escola. Pelo contrário, ele matricula seus filhos novamente para que possam refazer o aprendizado em mais um ano letivo, e aprendam o que é preciso.

Por amor, estamos na Terra, reencarnados e repetindo as lições necessárias.

Deus, nosso Pai amoroso, nos matriculará na escola do mundo até que consigamos aprender o que nos cabe aprender.

Por amor, Deus criou os seres, afirma Léon Denis, e por amor, Deus não castiga seus filhos, mas, como bom Pai, os manda para a sala de aula para aprenderem a amar.

☆

SE EXISTEM MISÉRIAS E DIFICULDADES, ELAS SÃO GERADAS PELO EGOÍSMO HUMANO. ENTÃO, NÃO PODEMOS NOS ESQUECER DE QUE ESTAMOS VIVOS POR AMOR, RESPIRAMOS POR AMOR, FALAMOS POR AMOR, OUVIMOS POR AMOR. TAMBÉM EXPERIMENTAMOS LIMITAÇÕES POR AMOR, E NÃO POR CASTIGO.

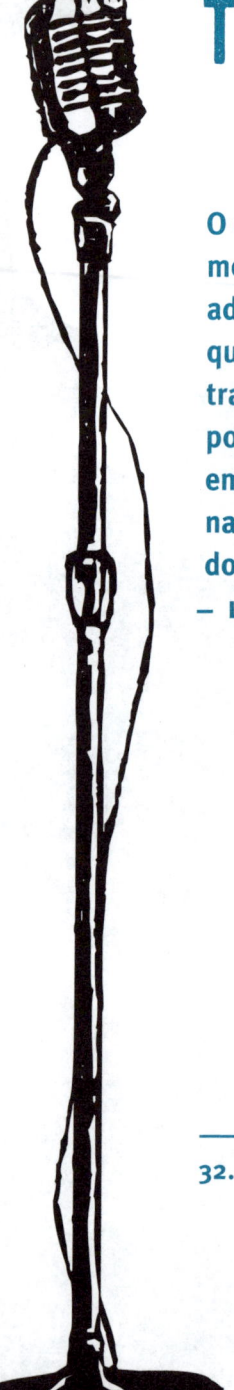

TRANSFORMAÇÕES

O estudo do universo moral enche-nos de admiração pela Potência que, por meio da dor, transforma, pouco a pouco, as forças do mal em forças do bem, faz nascer do vício a virtude, do egoísmo, o amor!
— LÉON DENIS [32]

Talvez você que é jovem não tenha se dado conta de que a dor é como um instrumento que desperta as forças do amor que estão latentes nas almas.

Certamente, em alguns momentos, seu coração juvenil já deve ter se indagado o porquê de na Terra existirem tantas diferenças.

Por que tantos sofrem enquanto outros sorriem? Por que tantos com saúde e tantos enfermos? Por que uns com tanto e outros sem nada?

---

32. Léon Denis. *O problema do ser e do destino*, parte 3 – As potências da alma, cap. 27. CELD.

32

É claro que muito da dor que os homens experimentam e sofrem refletem as escolhas infelizes realizadas por eles próprios.

O egoísmo é gerador da maior parte dos males que experimentamos neste mundo.

Será que Deus fica sentado sobre as nuvens, olhando para seus filhos que sofrem e choram?

É claro que não, pois Deus não é como os homens.

Aprendemos com Allan Kardec em *O livro dos Espíritos*, em sua primeira pergunta, que Deus é a inteligência suprema, causa primária de todas as coisas.

Então, das dificuldades nascem as grandes transformações.

Se olharmos para a natureza, encontraremos muitos exemplos que nos ajudam a entender essa verdade.

As flores exalam perfumes e ficam mais lindas e viçosas se forem adubadas com estrume.

Se colocarmos esterco de animal na roseira ela ficará mais bonita e suas flores, mais encantadoras.

Pode acontecer que sua vida em família não esteja legal. Seus pais podem ter se separado.

Pode acontecer que aquele(a) namorado(a) tenha deixado você de lado.

Pode acontecer de as suas notas estarem baixas; além disso, escrever uma redação, para você, pode ser um grande sofrimento.

Todo esse mal em sua vida pode ser comparado ao estrume no pé da roseira.

O estrume não cheira bem, mas ele contribui para que a rosa perfume o ambiente.

A dor e a dificuldade são os males que trarão o bem para a sua vida, porque o universo moral transforma a dor em amor, as trevas em luz e as lágrimas em sorriso.

⭐

SEU CORAÇÃO JUVENIL JÁ DEVE TER SE INDAGADO O PORQUÊ DE NA TERRA EXISTIREM TANTAS DIFERENÇAS. POR QUE TANTOS SOFREM ENQUANTO OUTROS SORRIEM? A DOR E A DIFICULDADE SÃO OS MALES QUE TRARÃO O BEM PARA A SUA VIDA, PORQUE O UNIVERSO MORAL TRANSFORMA A DOR EM AMOR, AS TREVAS EM LUZ E AS LÁGRIMAS EM SORRISO.

A PRECE

Conheceis a lei da telepatia. Não há grito nem lágrima, nem apelo de amor que não tenha sua repercussão e sua resposta.
— LÉON DENIS [33]

Quando estamos sofrendo, precisamos pedir ajuda.

Algumas dores que sentimos não podem ser curadas por medicamentos como comprimidos ou outros remédios.

Existem as grandes dores que acontecem dentro de nosso coração: são as dores da alma.

E elas são muitas, e são intangíveis, mas chegam a doer primeiramente na alma e depois no corpo.

---

[33]. Léon Denis. *O problema do ser e do destino*, parte 3 – As potências da alma, cap. 27. CELD.

33

Garotos e garotas não estão acostumados a pedir socorro quando sentem dor em suas almas.

Muitos entram em processo de automutilação. Outros pensam em suicídio.

Em todos os lugares, jovens emitem gritos silenciosos, e ninguém, nem mesmo a própria família, é capaz de escutar a voz desses corações juvenis.

Existe um recurso capaz de aliviar as dores do coração; esse medicamento acalma as angústias.

Se os jovens conseguirem silenciar a gritaria dos pensamentos atribulados que agitam suas mentes, poderão se valer dessa força inigualável.

Referimo-nos à prece. Isso mesmo: o poder da oração.

Se garotos e garotas conseguirem abrir a boca de suas almas para os ouvidos de Deus, suas dores serão consoladas e suas lágrimas secarão.

Não existe prece que fique sem resposta.

Não existe grito de filho que o Pai não ouça.

As respostas podem não corresponder às expectativas, mas elas sempre chegam.

A prece não é uma receita a ser repetida com os lábios.

Orar é levar um papo com Deus desnudando a própria alma, sem medo e sem receio.

Quando oramos com sinceridade, entramos em um processo de vibrações que se desenvolve em um patamar diferenciado.

Se nos desligarmos momentaneamente das coisas que nos angustiam, nosso contato com Deus e seus mensageiros se dará de forma imediata.

Não existe lágrima que não possa ser consolada nem dor que não possa ser aplacada.

Porque, como assevera Léon Denis:

Não há grito nem lágrima, nem apelo de amor que não tenha sua repercussão e sua resposta.

A PRECE NÃO É UMA RECEITA A SER REPETIDA COM OS LÁBIOS. ORAR É LEVAR UM PAPO COM DEUS DESNUDANDO A PRÓPRIA ALMA, SEM MEDO E SEM RECEIO. NÃO EXISTE LÁGRIMA QUE NÃO POSSA SER CONSOLADA NEM DOR QUE NÃO POSSA SER APLACADA.

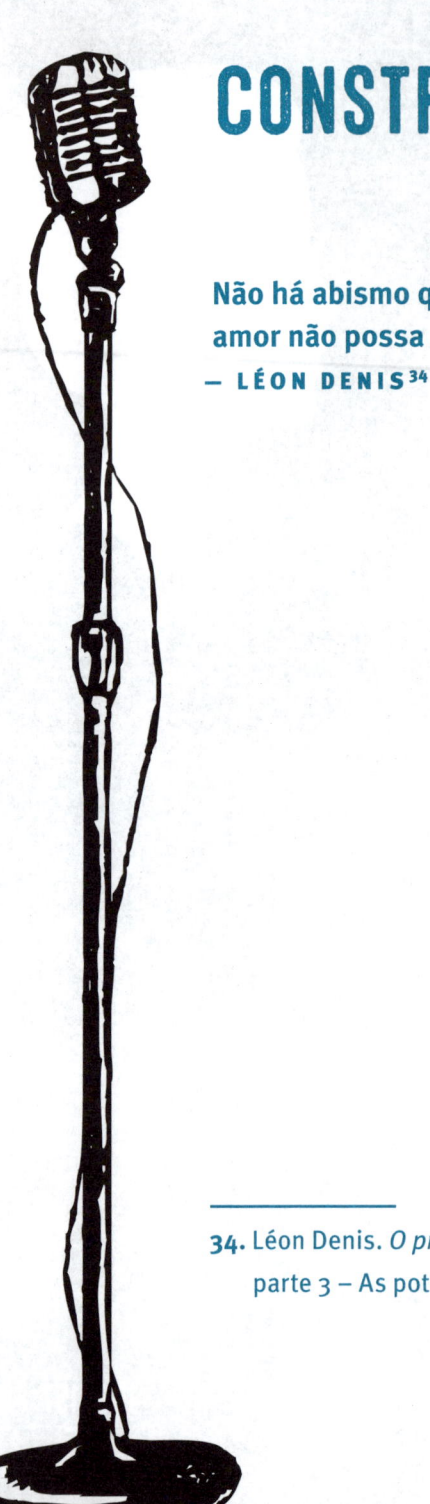

CONSTRUINDO PONTES

Não há abismo que o amor não possa superar.
— LÉON DENIS[34]

De repente, surge no caminho de sua vida um grande abismo, uma situação crítica e dolorosa.

Então, tudo lhe parece tristeza e dor definitiva.

O chão parece faltar e as esperanças, desaparecem.

Sua vida vira cinzas, como o pássaro Fênix que se desintegra diante de seus olhos.

Você sente que seu coração está no fundo de um precipício.

---

34. Léon Denis. *O problema do ser e do destino*, parte 3 – As potências da alma, cap. 27. CELD.

34

A vida humana tem várias faces, e situações assim acontecem com muitos garotos e garotas.

A morte do pai ou da mãe, ou um diagnóstico inesperado. Quantos jovens têm câncer e outras enfermidades?

Essas provas são grandes testes para a nossa fé.

Infelizmente, muitos se desesperam e chegam a pôr fim na própria vida.

É como se uma tempestade gigante estivesse prestes a nos engolir.

Se os garotos e garotas que passam por essas tempestades tiverem a sensibilidade de recuar no momento mais intenso das lágrimas, e se abrigarem em atitudes de resignação e prece, o que parece ser um abismo profundo se tornará, por meio do amor, uma escada de crescimento e renovação.

O amor transforma os precipícios e abismos em dificuldades menores em nossa passagem pelo mundo.

Entendemos que o crescimento de todos nós está na razão de nossos esforços em aprender a amar, mesmo em meio às dificuldades.

A vida investe em cada coração juvenil, que, na Terra, age em nome de Deus.

O amor é uma ponte que construímos à medida que aceitamos as pessoas como elas são.

As travessias na vida podem ser ásperas, longas e cheias de espinheiros, mas são superáveis, consoante o amor que sentimos e distribuímos pelo caminho.

Os heróis mais famosos, quando encaram as suas missões, são testados e levados a vivenciar os limites de suas forças, e, em alguns momentos, parece que sucumbirão, mas o desejo de salvar as pessoas que defendem de criminosos faz com que o amor seja a ponte e o ponto de superação.

Todos os grandes heróis têm um sentimento em comum: o amor ao próximo.

Léon Denis nos ensina que:

Não há abismo que o amor não possa superar.

⭐

O AMOR TRANSFORMA OS PRECIPÍCIOS E ABISMOS EM DIFICULDADES MENORES EM NOSSA PASSAGEM PELO MUNDO. O AMOR É UMA PONTE QUE CONSTRUÍMOS À MEDIDA QUE ACEITAMOS AS PESSOAS COMO ELAS SÃO. AS TRAVESSIAS NA VIDA PODEM SER ÁSPERAS, LONGAS E CHEIAS DE ESPINHEIROS, MAS SÃO SUPERÁVEIS, CONSOANTE O AMOR QUE SENTIMOS E DISTRIBUÍMOS.

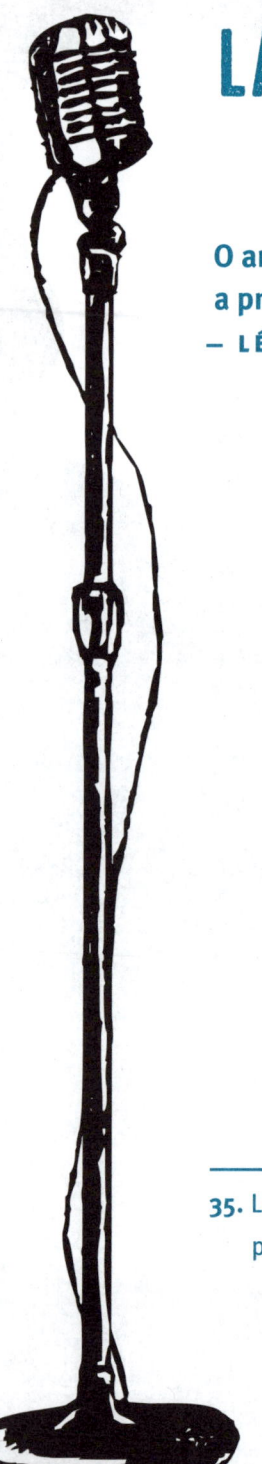

LAÇOS IMORTAIS

O amor é imortal, como a própria alma.
— LÉON DENIS[35]

A morte não mata o amor, porque o amor é o sentimento que transcende as dimensões.

Onde quer que estejamos, carregamos conosco o amor que sentimos.

Seja na vida material, seja na dimensão espiritual, os laços de amor verdadeiros não são destruídos.

É claro que ninguém quer se separar das pessoas que ama, mas infelizmente a vida não costuma atender aos nossos pedidos.

Seja por questões de saúde física, seja por enfraquecimento de

---

35. Léon Denis. *O problema do ser e do destino*, parte 3 – As potências da alma, cap. 27. CELD.

35

órgãos em decorrência do peso dos anos, para quem envelhece a morte é a grande realidade.

Somos impotentes para lidar com essa lei natural que a todos rege.

O amor é um elo invisível que, quando nasce, interliga os que se amam em uma comunhão indestrutível, mesmo que o ser amado se despeça do mundo.

Sentiremos saudade, e isso é normal; choraremos, e isso também é normal.

A revolta não é normal, e o desespero também não.

E quando a rebeldia e o desespero tomam conta de nosso coração, roubando nossa lucidez, não conseguimos estabelecer uma conexão com o coração dos seres amados.

O elo sutil do amor sofre interrupções com as energias de nosso descontrole.

Contudo, mesmo com a tristeza da separação, se conseguirmos dominar aquela sensação de "perda" que acreditamos existir, o tempo nos auxiliará com o reequilíbrio emocional.

E quando nossa mente e nosso coração estiverem harmonizados, o elo do amor nos aproximará de maneira mais sutil.

Então, seremos visitados durante o sono físico por aqueles que partiram.

Sentiremos a presença desses corações amados nos detalhes e na rotina da vida.

Eles falarão conosco por meio de sinais emitidos por seus corações.

Todo esse processo real consola as nossas almas porque a morte não mata o amor.

✦

O AMOR É UM
QUE, QUANDO
INTERLIGA OS
AMAM EM UM
INDESTRUTIV
O SER AMADO
DO MUNDO.
SAUDADE. É
CHORAREMOS

O AMOR É UM ELO INVISÍVEL QUE, QUANDO NASCE, INTERLIGA OS QUE SE AMAM EM UMA COMUNHÃO INDESTRUTÍVEL, MESMO QUE O SER AMADO SE DESPEÇA DO MUNDO. SENTIREMOS SAUDADE, E ISSO É NORMAL; CHORAREMOS, E ISSO TAMBÉM É NORMAL. A REVOLTA NÃO É NORMAL, E O DESESPERO TAMBÉM NÃO. A MORTE NÃO MATA O AMOR.

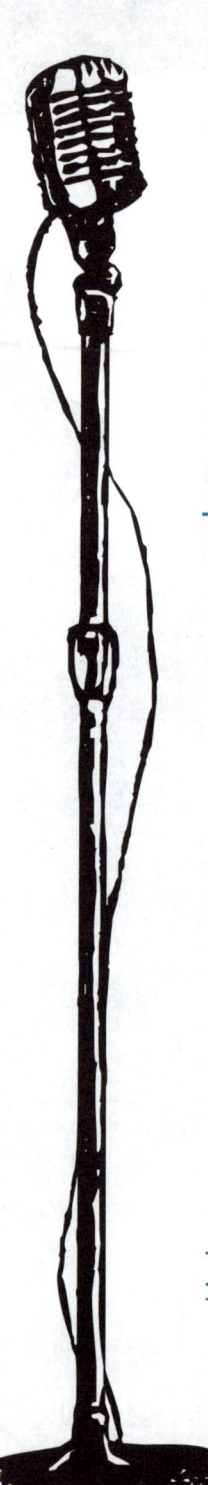

AMOR FRANCISCANO

O ser aprende a envolver no mesmo amor tudo o que vive e respira. E isso é apenas uma etapa ainda da sua evolução.
— LÉON DENIS [36]

Já escrevemos anteriormente que o amor é o sentimento sem limites para o seu crescimento e desenvolvimento.

Os jovens carregam em si todos os sonhos do mundo e uma imensa capacidade de desenvolver esse amor.

Estamos todos em processo de crescimento e desenvolvimento de nossa afetividade em todas as manifestações de vida.

Léon Denis nos convida a refletir sobre a capacidade que o espírito humano tem de amar, envolvendo em um mesmo amor tudo o que vive e respira.

---

36. Léon Denis. *Depois da morte*, cap. 2. CELD.

Infelizmente, existem alguns homens que se comprazem quando matam um elefante, ou caçam um leão, ou até mesmo uma baleia.

Já outros homens não conseguem pisar em cima de um grilo, porque enxergam nessa forma vivente um componente da natureza criada por Deus e, consequentemente, um ser vivo que tem direito à vida.

Tudo o que não foi feito pelo homem, por Deus foi feito, e nós ainda estamos aprendendo a amar essas criações.

Se prestarmos atenção em cada criatura, talvez iniciemos um processo de conhecimento do Criador.

O homem que ainda não ama o seu semelhante é limitado no amar e está longe de envolver a tudo que respira nesse amor.

Caminhamos para desenvolver um amor ecológico, que seria o amor pela natureza, pela preservação do meio ambiente e suas fauna e flora.

O amor franciscano ao qual me refiro neste tema é o amor ensinado por Francisco de Assis e reforçado por Léon Denis, quando ele afirma que um dia teremos a capacidade de amar a tudo que respira.

Ainda agredimos o meio ambiente, pois não nos damos conta de que reencarnaremos neste mesmo orbe e seremos herdeiros de tudo o que plantamos hoje.

Precisamos aprender a amar um grilo e um falcão, uma girafa e um asno. E com quem devemos aprender esse amor franciscano?

Esse amor faz parte da natureza de todos os seres vivos que rodeiam o homem, e que o respeitam, mas não são respeitados pelos ditos "animais racionais".

Um dia, quando este planeta escola estiver em uma outra fase, em que o respeito à vida seja o primeiro mandamento, respeitaremos todos os seres vivos, sejam eles quais forem.

☆

UM DIA TEREMOS A CAPACIDADE DE AMAR A TUDO QUE RESPIRA. PRECISAMOS APRENDER A AMAR UM GRILO E UM FALCÃO, UMA GIRAFA E UM ASNO. ESSE AMOR FAZ PARTE DA NATUREZA DE TODOS OS SERES VIVOS QUE RODEIAM O HOMEM, E QUE O RESPEITAM, MAS NÃO SÃO RESPEITADOS PELOS DITOS "ANIMAIS RACIONAIS".

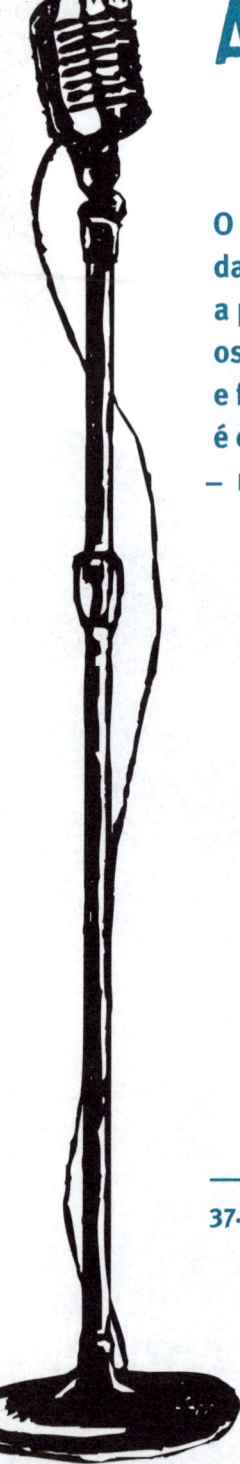

A ATRAÇÃO CELESTE

> O amor é a celeste atração das almas e dos mundos, a potência divina que liga os mundos, governa-os e fecunda-os; o amor é o olhar de Deus!
> — LÉON DENIS [37]

Quando reencarnamos, nosso desejo é estar junto daqueles corações com os quais já desenvolvemos laços de amor verdadeiro.

Nem sempre é possível que seja assim, porque é da lei divina que estejamos juntos de outros corações pelos quais ainda não tenhamos desenvolvido a tolerância e a aceitação.

Muitos garotos e garotas se queixam da dificuldade que têm em se relacionar com alguns membros da família, pais ou irmãos.

---

[37]. Léon Denis. *Depois da morte*, cap. 49. CELD.

37

A reencarnação é uma lei natural que tem como princípio a nossa evolução, mas, principalmente, o exercício de aprender a amar os que nos prejudicaram em algum momento, ou que foram prejudicados por nós.

É a grande mola para o desenvolvimento e para o aprendizado do amor entre todos nós.

Então, é possível que em sua sala de aula ou dentro de sua casa exista alguém que te provoque arrepios.

Quando isso acontecer, reflita sobre o motivo que o faz sentir essa repulsa.

Se o garoto ou a garota não te fez nenhum mal e essa aversão ou quase raiva surge, não se sabe de onde, a explicação está em algum fato do passado, em uma outra vida em que alguma situação ficou mal resolvida. Alguém causou prejuízo e dor ao outro.

Nesse caso, vem a reencarnação e os aproxima, e então vocês estudam na mesma sala de aula, fazem trabalhos em grupo ou dividem as mesmas casa e família na condição de irmãos.

Ninguém escapa da lei de amor, e ninguém pode fugir dela.

Por mais irritante que seja a pessoa que te incomoda, um dia você irá amá-la sem restrições.

O amor se desenvolve por meio de nossas vidas sucessivas.

O amor é a celeste atração; palavras de Léon Denis.

A reencarnação é o celeste encontro daquelas almas que se amarão em algum momento de suas trajetórias.

E, quando o amor nascer e o laço amoroso for criado, nossa família universal terá crescido mais um pouco, e o nosso coração terá se alargado com a presença de outros irmãos de caminhada.

O amor de Deus fecunda a vida em nós e se multiplica à medida que aprendemos a amar os nossos semelhantes.

☆

NINGUÉM ESCAPA DA LEI DE AMOR, E NINGUÉM PODE FUGIR DELA. O AMOR É A CELESTE ATRAÇÃO. A REENCARNAÇÃO É O CELESTE ENCONTRO DAQUELAS ALMAS QUE SE AMARÃO EM ALGUM MOMENTO DE SUAS TRAJETÓRIAS. O AMOR DE DEUS FECUNDA A VIDA EM NÓS E SE MULTIPLICA À MEDIDA QUE APRENDEMOS A AMAR OS NOSSOS SEMELHANTES.

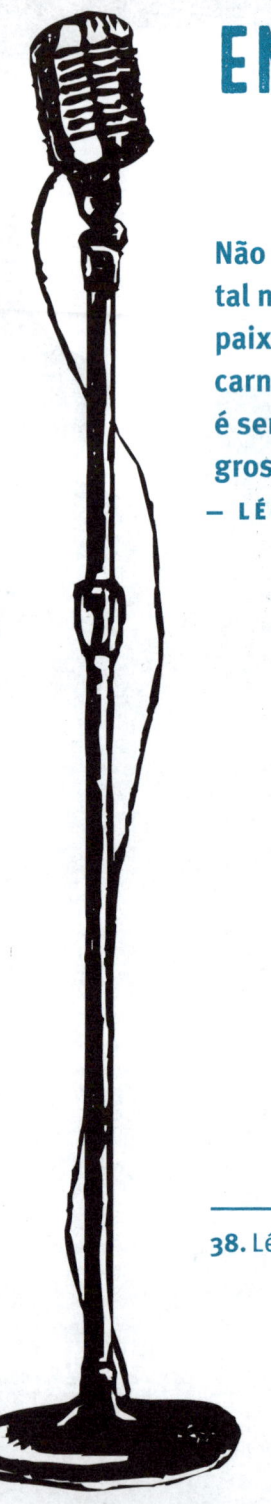

ENCANTAMENTOS

Não ornamentem com tal nome a ardente paixão que os desejos carnais atiçam. Esta não é senão uma sombra, um grosseiro plágio do amor.
— LÉON DENIS [38]

O amor é um sentimento que liberta e alimenta a confiança dos que experimentam um amor genuíno.

Muitos dizem sentir amor e acreditam que amar é ter escritura de posse sobre o coração alheio.

Ainda estamos longe de conhecer o amor incondicional que Deus espera de nós em nossas relações.

Ainda existem muitos jovens que confundem paixão e desejo com amor.

A paixão escraviza, domina, e mantém quem a sente submetido aos apelos carnais.

---

[38]. Léon Denis. *Depois da morte*, cap. 49. CELD.

38

O corpo ama o corpo, nada mais, porque se felicita no prazer que pode obter, mas o amor genuíno se desenvolve no espírito.

Por isso, as relações que buscam apenas a satisfação dos corpos sempre terminam.

Quando algum garoto ou garota deseja "ficar" com alguém, acreditando que não há consequências nisso, está cometendo um terrível engano, porque qualquer ação no campo material tem efeitos no lado espiritual da vida.

Quem vive pelo mundo de par em par termina na solidão física, mas cercado de companhias espirituais que trarão perturbação e sofrimento.

Quantos jovens confundem paixão com amor?

O desejo carnal traz tempestades para dentro dos corações juvenis e rouba a lucidez.

O amor pacifica e asserena os corações; a paixão atormenta e gera insegurança.

Do amor nascem virtudes; da paixão nascem desvarios.

A lealdade é filha do amor; o ciúme é filho da paixão.

Quando acreditamos que a satisfação de nossos desejos é amor, estamos longe de compreender que o sentimento a que Léon Denis se refere nasce do espírito.

Em *O livro dos Espíritos* de Allan Kardec, na questão 939, a resposta dos Espíritos conclui o nosso raciocínio, nos aproximando do pensamento de Léon Denis:

Além disso, quantos não creem amar perdidamente, porque apenas julgam pelas aparências e, quando são obrigados a viver com as pessoas, não demoram a reconhecer que não passava de um encantamento material! Não basta estar apaixonado por uma pessoa que vos agrada e em quem supondes belas qualidades; é vivendo, realmente, com ela que podereis apreciá-la. Quantas dessas uniões também existem que, a princípio, parecem destinadas a nunca ser simpáticas e, após se conhecer bem e bem se estudar, ambos acabam por se amar, com um amor terno e durável, porque repousa na estima! É preciso não esquecer que é o espírito quem ama e não o corpo e, quando a ilusão material se dissipa, o espírito vê a realidade.

Há duas espécies de afeição: a do corpo e a da alma e, frequentemente, toma-se uma pela outra. A afeição da alma, quando pura e simpática, é durável; a do corpo é perecível; eis por que, muitas vezes, aqueles que acreditavam amar-se, com um amor eterno, passam a odiar-se, quando a ilusão acaba.

✦

Quantos jovens confundem paixão com amor? O amor pacifica e asserena os corações; a paixão atormenta e gera insegurança. Do amor nascem virtudes; da paixão nascem desvarios. A lealdade é filha do amor; o ciúme é filho da paixão.

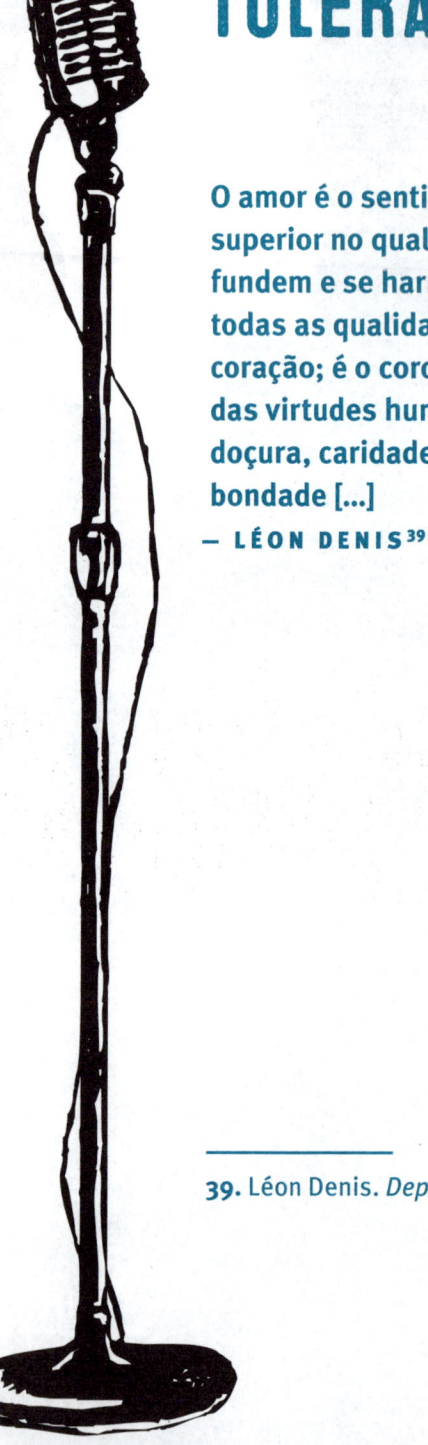

TOLERÂNCIA

O amor é o sentimento superior no qual se fundem e se harmonizam todas as qualidades do coração; é o coroamento das virtudes humanas, doçura, caridade, bondade [...]
— LÉON DENIS[39]

Por força dos apelos que a idade juvenil impõe à maioria das pessoas, grande parte dos jovens acredita que o amor se estabelece quando acontece o relacionamento entre dois corações.

O amor tem muitas e inumeráveis faces, e todas elas fazem parte de nosso processo de desenvolvimento espiritual. A caridade é uma face do amor; a tolerância é uma outra face.

Poderíamos citar muitas e muitas faces.

---

39. Léon Denis. *Depois da morte*, cap. 49. CELD.

39

A tolerância é uma das faces mais exigidas neste tempo de transição.

Garotos *gays*, garotas lésbicas, garotos e garotas transgêneros são discriminados.

Garotos e garotas negras, e os que são portadores de alguma deficiência física ou emocional são discriminados e sofrem *bullying* por não atender ao que a maioria considera normal.

Onde falta tolerância, que é o amor de Deus por todos os seus filhos, sobra preconceito.

Idosos esquecidos em asilos pelos próprios filhos refletem a indiferença humana e a ausência da virtude do respeito por aqueles que prepararam o caminho pelo qual passamos hoje.

Não precisamos aguardar pela perfeição para poder amar as pessoas.

O amor é esse mosaico de possibilidades em que podemos amar as pessoas pelo silêncio, pelo gesto amoroso, pela paciência humilde.

O amor verdadeiro nunca humilha, não se apropria da vida do outro.

O amor se funde e se confunde na expressão de virtudes que salvam e resgatam os que sofrem.

Vemos tantos jovens sofrendo pela falta de diálogo que concluímos que o amor também é conversar.

Precisamos amar, ouvindo e prestando atenção àqueles que convivem conosco e gritam silenciosamente as suas dores sem ser ouvidos por nós, pois nos encontramos ocupados em demasia.

Jesus é o modelo do amor que devemos buscar, pois Ele ouvia a todos, amparava a todos sem distinção.

Amar é se harmonizar com a vida que pulsa generosa em todos os corações e em tudo que respira.

☆

Onde falta tolerância, que é o amor de Deus por todos os seus filhos, sobra preconceito. O amor verdadeiro nunca humilha, não se apropria da vida do outro. Amar é se harmonizar com a vida que pulsa generosa em todos os corações e em tudo que respira.

CHAMA DA VIDA

Como o **Sol** se levanta indiferentemente sobre todas as coisas e aquece a Natureza inteira, o amor divino vivifica todas as almas [...]
— LÉON DENIS [40]

Jesus é o sol de nossas vidas.
O amor de Cristo irradia por toda a humanidade, especialmente sobre o coração de todos os jovens.

Sua característica é toda juvenil, pois, como agitador do amor, Ele deseja transformar o mundo íntimo da juventude.

E, como o Sol que todas as manhãs se levanta para iluminar a natureza, Jesus é o amor que brilha nas noites escuras da vida dos jovens que estão presos ao vício, dilacerados em seu caminho.

---

40. Léon Denis. *Depois da morte*, cap. 49. CELD.

Como filho de Deus e governador do planeta Terra, a sua mensagem consola garotos e garotas que enfrentam suas dores neste mundo.

O amor é o oxigênio das almas, pois é ele que mantém acesa a chama da vida, é ele que fomenta a força transformadora que cada jovem carrega em si.

Por vezes, as lutas do mundo e os desafios para vencer as paixões tão tentadoras durante a juventude fazem com que alguns jovens caminhem pela sombra sem se dar conta de que o sol do amor nasce por detrás das montanhas dos desafios.

Essas montanhas estão dentro de cada garoto e garota, e devem ser superadas com esforço; devem ser escaladas e vencidas um pouco a cada dia.

E quando as forças faltarem, seja no lar, seja na escola, seja na vida social, a luz de Deus poderá chegar até você pelo abraço de um amigo, pelo carinho de um pai ou pelo colo de uma mãe.

Deus fala com os jovens por meio de sua família, amigos, professores e pela natureza.

Ninguém está abandonado, mas, muitas vezes, nós nos abandonamos.

O sol brilha, mas tem gente que prefere a sombra.

A luz chega a todos os corações, mas existem aqueles que preferem a escuridão do ódio.

O sol do amor de Deus não se impõe; ele apenas brilha, enquanto decidimos o que fazer de nossas vidas.

Por isso, não se esconda; mostre-se com suas alegrias e tristezas, revele quem você é e se aqueça nos raios de sol do amor do Criador.

Na aula de biologia, aprendemos que as plantas precisam da luz solar para seguirem vivas e promover a fotossíntese.

Como Espíritos reencarnados, precisamos do sol do amor de Deus para seguir vivendo com amor no coração.

✦

NINGUÉM ESTÁ ABANDONADO, MAS, MUITAS VEZES, NÓS NOS ABANDONAMOS. O SOL BRILHA, MAS TEM GENTE QUE PREFERE A SOMBRA. A LUZ CHEGA A TODOS OS CORAÇÕES, MAS EXISTEM AQUELES QUE PREFEREM A ESCURIDÃO DO ÓDIO. O SOL DO AMOR DE DEUS NÃO SE IMPÕE; ELE APENAS BRILHA, ENQUANTO DECIDIMOS O QUE FAZER DE NOSSAS VIDAS.

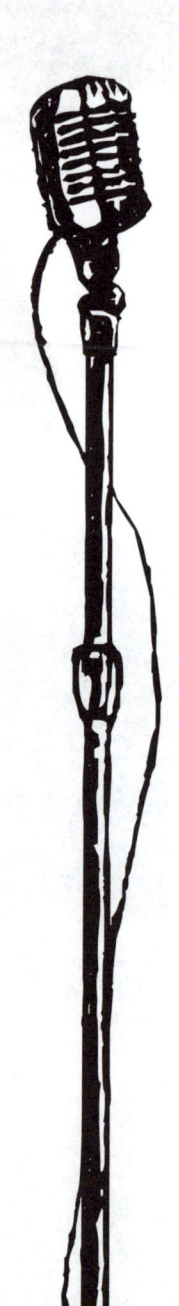

DNA DE DEUS

Deus é todo amor e para compreendê-lo é preciso desenvolver em nós esse princípio divino. É preciso deixar de viver na esfera do "eu", para viver na esfera do divino que abrange todas as criaturas. Deus está em todo homem que sabe amar.
— LÉON DENIS [41]

Só alguém que tivesse de fato muita coragem e quisesse revolucionar o mundo poderia pedir aos homens que amassem uns aos outros.

Imagine se garotos e garotas chegassem na escola e pedissem a palavra durante a aula de matemática.

A professora autorizaria, e uma garota diria:

— Quero pedir a todos os colegas de turma que amem uns aos outros!

O que aconteceria se essa situação rolasse em sua turma?

Certamente, o autor do pedido seria visto como doido e sonhador.

---

41. Léon Denis. *Cristianismo e espiritismo*, cap. 8. CELD.

O amor é um sentimento que as pessoas, ou, pelo menos, uma grande parte delas, acreditam que deva ser vivido apenas no ambiente familiar ou nos relacionamentos afetivos.

Amar as pessoas como elas são. Já pensou que loucura? Quão diferente seria o mundo?

Acontece que todas as criaturas carregam em si uma cota desse amor; uns mais, outros menos, mas todos carregamos.

A questão é que somos muito egoístas e individualistas, e pouco nos importamos com o que acontece com o outro.

Com isso, pode acontecer que o gesto mais simples de carinho que alguém manifeste por seu semelhante cause espanto. Mas não deveria.

Porque nossa preocupação deveria ser sempre o amor que temos e podemos ofertar às pessoas.

Não há como se viver sem amor; todos precisamos dessa vivência.

Precisamos amar e ser amados, mas temos que alargar os horizontes de nossa forma de amar.

A caridade é uma ponte que pode nos levar a mundos inimagináveis.

É melhor refletir seriamente com Léon Denis, que nos pede para desenvolver o princípio divino do amor e deixar de viver na esfera do "eu".

O amor é um sentimento que nos une porque ele é o DNA de Deus contido em cada criatura vivente.

⭐

NÃO HÁ COMO
AMOR; TODOS
DESSA VIVÊN
PRECISAMOS
AMADOS, MAS
ALARGAR OS
DE NOSSA FO
A CARIDADE
QUE PODE N

NÃO HÁ COMO SE VIVER SEM AMOR; TODOS PRECISAMOS DESSA VIVÊNCIA. PRECISAMOS AMAR E SER AMADOS, MAS TEMOS QUE ALARGAR OS HORIZONTES DE NOSSA FORMA DE AMAR. A CARIDADE É UMA PONTE QUE PODE NOS LEVAR A MUNDOS INIMAGINÁVEIS. O AMOR É UM SENTIMENTO QUE NOS UNE PORQUE ELE É O DNA DE DEUS CONTIDO EM CADA CRIATURA VIVENTE.

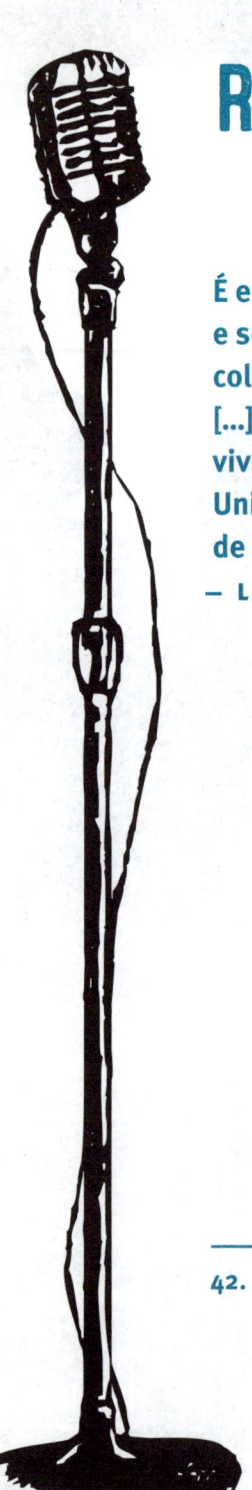

RODA DA VIDA

É este o papel do ser e seu fim grandioso: colaborador de Deus [...] o Ser Perfeito, lei viva e consciente do Universo, foco eterno de amor e de vida.
— LÉON DENIS [42]

Não importa quanto dinheiro você tem no banco.

Não importa a sua cor nem a sua condição social.

Não importa se você estuda em escola pública ou particular.

A sua orientação sexual também não importa.

Para o contexto de uma vida mais feliz apenas uma condição é importante: que você esteja disposto a amar, pois é o amor que faz girar a roda da vida e envolve a todos.

Se é pouco ou muito, também não importa, porque o necessário é amar.

---

42. Léon Denis. *Cristianismo e espiritismo*, cap. 10. CELD.

42

O amor é esse alimento que necessitamos diariamente nas expressões mais singelas.

O amor não é o beijo longo e apaixonado, porque ele impregna a vida em todas as suas manifestações com a sua essência.

Quando você decide dividir a sua batata frita com alguém, você está oferecendo um gesto de amor, mesmo que ele seja fritura.

Quando você empresta seu agasalho a alguém, você está oferecendo um gesto de amor que aquece.

Quando aquele garoto ou garota demonstra tristeza na sala de aula e fica fora de órbita durante a explicação do professor e você ensina a matéria a ele ou a ela depois do horário das aulas, você está demonstrando amor.

O amor é discreto e sutil, e se revela nas pequeninas coisas; daí porque muitos nem valorizam aquele detalhe afetuoso.

O amor também é solidário. Sabe quando aquele amigo está muito triste porque os pais se separaram?

Então, você convida esse amigo para uma tarde de *games*, ou uma esticada até o *shopping*, ou ainda um rolê de *bike*. Pois é, tudo isso é amor, é carinho, é solidariedade.

E, todas as vezes que amamos, a vida irradia por meio de nós.

E nesse momento, Deus se manifestará por seus gestos, seus olhos e seu sorriso.

Deus é amor; por isso, toda forma de amor, desde a mais discreta até a mais ínfima, revela a presença de Deus em nós.

TODAS AS VE
AMAMOS, A V
POR MEI'O DE
NESSE MOME
MANIFESTARA
GESTOS, SEUS
SORRISO. DEC
ISSO. TODA F
DESDE A MA

TODAS AS VEZES QUE AMAMOS, A VIDA IRRADIA POR MEIO DE NÓS. E NESSE MOMENTO, DEUS SE MANIFESTARÁ POR SEUS GESTOS, SEUS OLHOS E SEU SORRISO. DEUS É AMOR; POR ISSO, TODA FORMA DE AMOR, DESDE A MAIS DISCRETA ATÉ A MAIS ÍNFIMA, REVELA A PRESENÇA DE DEUS EM NÓS.

JOVEM LAVRADOR

Imite o lavrador que vai em frente, curvado sob o Sol ardente ou açoitado pelo vento frio e seco, e cujos suores regam o solo, o solo escavado, rasgado como seu coração pelo dente de ferro, mas de onde sairá a colheita dourada que fará sua felicidade.
— LÉON DENIS [43]

Às vezes, temos a impressão de que, por mais que nos esforcemos, nada dará certo.

O jovem se esforça o ano inteiro para tirar uma boa nota no ENEM, mas quando chega a hora da prova dá uma pane, e a sensação de não estar preparado para o exame gera insegurança e medo.

Quando estamos sob pressão, temos algumas dificuldades; isso é normal. Faz parte do desenvolvimento psicológico de todo jovem o amadurecimento com relação a situações estressantes.

A prova do ENEM é apenas mais uma das

---

43. Léon Denis. *Depois da morte*, cap. 41. CELD.

muitas situações de alta pressão emocional que garotos e garotas viverão em suas vidas.

Viver é semear como lavrador.

Sementes são lançadas em todas as épocas da vida, e no tempo certo elas germinarão.

Assim acontece quando estudamos e nos dedicamos a um objetivo.

Em alguns momentos parece que a semente do esforço realizado durante o ano não trará os resultados planejados.

Ainda assim, não podemos desistir de buscar os nossos sonhos.

Jovem: coloque amor em tudo o que fizer, e a vida te responderá.

Pode acontecer de a colheita demorar, seja na escola, seja em outros projetos, mas pode estar certo de que toda semente de amor florescerá no tempo certo.

Dedique-se, porque todo trabalho de amor é uma garantia de felicidade.

Léon Denis nos orienta:

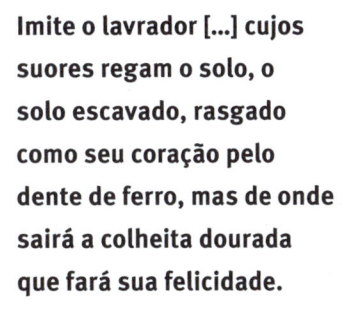

Imite o lavrador [...] cujos suores regam o solo, o solo escavado, rasgado como seu coração pelo dente de ferro, mas de onde sairá a colheita dourada que fará sua felicidade.

Jovem: sua mente juvenil é instrumento de Deus para semear um tempo novo.

Coloque os teus braços à disposição do bem que Deus lançará por meio de você sementes de vida que darão felicidade a trinta, a sessenta e a cem jovens mundo afora.

EM ALGUNS M
PARECE QUE
DO ESFORÇO
NÃO TRARÁ O
PLANEJADOS.
NÃO PODEMO
BUSCAR OS N
COLOQUE AM
QUE FIZER. P

EM ALGUNS MOMENTOS PARECE QUE A SEMENTE DO ESFORÇO REALIZADO NÃO TRARÁ OS RESULTADOS PLANEJADOS. AINDA ASSIM, NÃO PODEMOS DESISTIR DE BUSCAR OS NOSSOS SONHOS. COLOQUE AMOR EM TUDO O QUE FIZER. PODE ACONTECER DE A COLHEITA DEMORAR, MAS TODA SEMENTE DE AMOR FLORESCERÁ NO TEMPO CERTO.

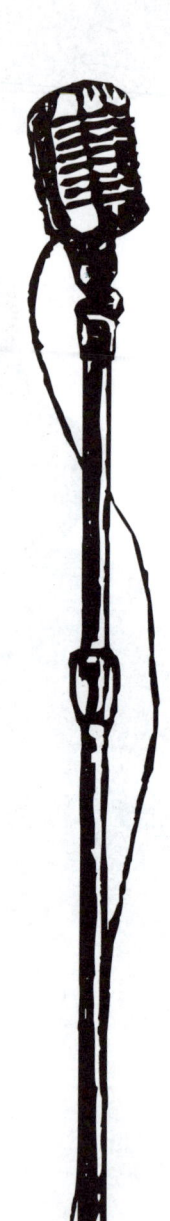

AMOR × ÓDIO

O amor e o ódio são forças atrativas. Todos os que se amaram, todos os que se odiaram se reencontrarão, cedo ou tarde, a fim de que a afeição que une uns aumente ainda mais e se aperfeiçoe, e que a aversão que separa outros seja vencida pelas melhores relações e mútuos serviços.
— LÉON DENIS[44]

Para algumas pessoas, o amor e o ódio são forças antagônicas.

Na verdade, alguns dizem que o ódio é o amor que ainda não despertou para ser feliz.

Quando você olha para alguém e experimenta um sentimento de ódio que rouba a sua paz, a pessoa odiada tem muito poder sobre a sua vida.

E como há garotos e garotas se estapeando nas escolas e querendo se matar!

---

[44]. Léon Denis. *O além e a sobrevivência do ser*. CELD.

44

Aqueles jovens que poderiam ser parceiros em tantas iniciativas de vida prometem "se pegar lá fora", quando terminar a aula.

Muitos nem conseguem esperar pelo final do período de estudos, e se agridem na própria sala de aula.

Sempre que deixamos que o ódio comande as nossas ações o resultado não é legal.

Por isso, precisamos refletir muito se vale a pena resolver as coisas "no tapa".

Quando escolhemos o ódio, terminamos por pagar um preço muito alto, e isso é péssimo.

Espancar alguém pode levar desde a expulsão da escola até o recolhimento em um instituto educacional para menores infratores.

Podemos ferir com a agressão, mas a dor baterá em nossa porta, e ela nunca erra de endereço.

Além das complicações que garotos e garotas terão em suas vidas, também os pais serão atingidos por essa violência que começou na escola, mas que refletirá em toda família.

Desamor sempre gera dor, não esqueça!

E a dor funciona como despertador para a mudança de sentimentos e comportamentos.

As consequências do ódio repercutem durante muito tempo na vida dos violentos, até que eles sofram com o resultado de suas escolhas infelizes.

A dor é como um despertador dentro do coração, convidando todos a despertar para o amor.

Não importa o tempo que leve, se nessa vida ou em outra.

Todo ódio um dia se transformará em amor.

A força do amor envolve todas as criaturas, e os que se odeiam hoje se darão as mãos amanhã.

Todos caminham para vivenciar um mundo de fraternidade e respeito, mais cedo ou mais tarde.

Quando alguém estiver dominando a sua vida pela presença de sentimentos de ódio, demonstre a sua força perdoando, e não dando poder aos que ainda não te respeitam.

Quando o ódio toma tempo de nossa vida, não temos vida para viver.

☆

A FORÇA DO AMOR ENVOLVE TODAS AS CRIATURAS, E OS QUE SE ODEIAM HOJE SE DARÃO AS MÃOS AMANHÃ. QUANDO ALGUÉM ESTIVER DOMINANDO A SUA VIDA PELA PRESENÇA DE SENTIMENTOS DE ÓDIO, DEMONSTRE A SUA FORÇA PERDOANDO, E NÃO DANDO PODER AOS QUE AINDA NÃO TE RESPEITAM. QUANDO O ÓDIO TOMA TEMPO DE NOSSA VIDA, NÃO TEMOS VIDA PARA VIVER.

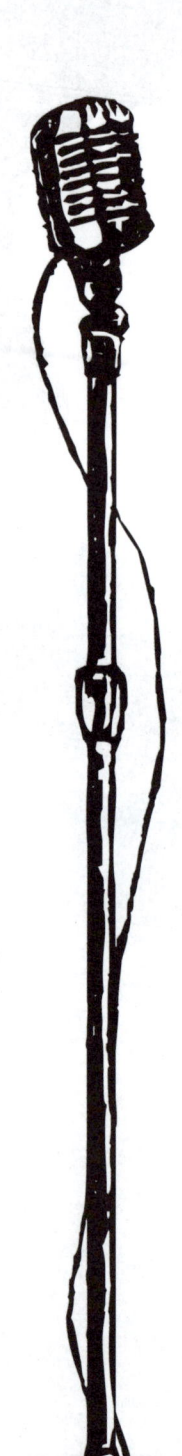

SALA DE AULA

A noite se estende sobre a planície e, entre as nuvens, as estrelas projetam sobre a Terra seus raios trêmulos como provas de amor, testemunhos da imensa fraternidade que liga todos os seres e todos os mundos.
— LÉON DENIS [45]

Os mundos são incontáveis, e não dá para mensurar o Universo.

São muitas humanidades, incontáveis corações, todos ligados pelo amor do mesmo Pai.

Cada planeta, uma sala de aula para onde migramos de acordo com nosso aproveitamento no banco escolar da vida.

Mundos primitivos, salas de aula que reúnem Espíritos analfabetos do amor, em que a ignorância e a força bruta prevalecem.

Nessas classes, os alunos ainda não aprenderam a rabiscar gestos de respeito e fraternidade.

---

45. Léon Denis. *O mundo invisível e a guerra*, cap. 7. CELD.

Mundos de provas e expiações, salas de aula em que ainda existe o domínio do mal, a presença das paixões, e o amor ainda é confundido com prazer carnal e se impõe com violência.

Mundos regenerados, salas de aula em que os alunos já escrevem palavras de amor e fraternidade, em que a caridade é lição aprendida, mas nas quais os Espíritos ainda estão lutando para aprender sobre o amor.

Mundos felizes, salas de aula em que os estudantes já dominaram todo o mal e vivem para o bem e pelo bem.

Mundos superiores, salas de aula nas quais estão os alunos que já se depuraram totalmente, se diplomaram no amor divino.

Todos esses mundos são regidos pelo amor de Deus, e depende apenas dos alunos, os Espíritos imortais, se esforçar para mudar de planeta escola.

Garotos e garotas que estudam nas escolas do mundo sabem que existem turmas de alunos bagunceiros que só querem saber de baladas e não desejam aprender.

No entanto, existem turmas de alunos que se dedicam e se esforçam para progredir e conquistar sabedoria para viver bem.

A vida espiritual é assim: é preciso se dedicar e aprender que o amor une toda forma de vida no Universo.

★

OS MUNDOS
INCONTÁVEIS
HUMANIDADE
CORAÇÕES. TO
PELO AMOR D
PAI. CADA PL
SALA DE AULA
MIGRAMOS D
NOSSO APRO

OS MUNDOS SÃO INCONTÁVEIS. SÃO MUITAS HUMANIDADES, INCONTÁVEIS CORAÇÕES, TODOS LIGADOS PELO AMOR DO MESMO PAI. CADA PLANETA, UMA SALA DE AULA PARA ONDE MIGRAMOS DE ACORDO COM NOSSO APROVEITAMENTO NO BANCO ESCOLAR DA VIDA. É PRECISO SE DEDICAR E APRENDER QUE O AMOR UNE TODA FORMA DE VIDA NO UNIVERSO.

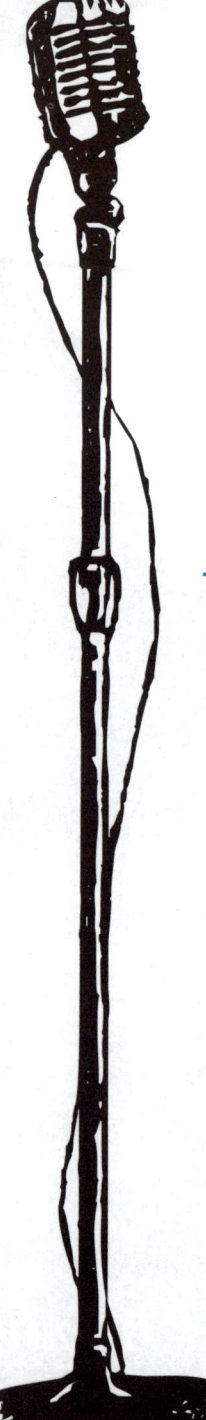

JESUS REVOLUCIONÁRIO

Jesus não havia criado a religião do Calvário para dominar os povos e os reis, mas para arrancar as almas do jugo da matéria e pregar, pela palavra e pelo exemplo, o único dogma redentor: o Amor.
— LÉON DENIS [46]

Jesus é o grande herói que veio ao mundo nos libertar das paixões e das correntes do ódio.

Como todo jovem, Ele não aceita injustiças e quer revolucionar a vida das pessoas.

Ele não veio para ter poder sobre as coisas da Terra; o desejo dele é fundar o Reino de Amor dentro dos corações.

A revolução de Cristo é silenciosa e não se impõe por armas e morte.

---

46. Léon Denis. *Cristianismo e espiritismo*, prefácio da segunda edição. CELD.

As armas de Cristo são a fraternidade, a compaixão e a caridade.

O Reino que Ele quer fundar só pode existir dentro dos corações que estejam dispostos a amar.

Jesus veio nos dizer que o empoderamento verdadeiro é aquele do amor.

Por isso, garoto e garota, não adianta usar roupas de marca e celulares ultramodernos se o coração estiver vazio de amor.

Jesus veio nos mostrar o mundo das alegrias que não podem ser adquiridas pelas coisas da Terra.

Não existiu nem vai existir um herói com os poderes da compreensão e do amor.

Ele te aceita como você é, mas pede o seu esforço para evitar o *bullying*, para esquecer a violência, para amar sem desrespeitar o outro.

Ele ama negros, amarelos e brancos; ama *gays*, lésbicas e transgêneros.

Tem em todos seus irmãos muito amados.

Os homens te apresentaram um Jesus distante de seu mundo juvenil, mas, felizmente, Ele não desistiu de nenhum coração juvenil.

Então, é chegado o tempo de voltar seu olhar para Ele.

Todos os poderes serão conferidos a quem mais amar, sem discriminar, sem perseguir outro jovem, um semelhante.

Jovens:

amai-vos uns aos outros como eu vos amo
— JESUS DE NAZARÉ

o amor ativo, não somente por aqueles que sofrem no círculo da existência terrestre, mas também pelas almas que vagueiam em torno de nós, perseguidas por dolorosas lembranças.
— LÉON DENIS
[*Cristianismo e espiritismo*, cap. A doutrina secreta. CELD.]

JESUS É O GRANDE HERÓI QUE VEIO AO MUNDO NOS LIBERTAR DAS PAIXÕES E DAS CORRENTES DO ÓDIO. ELE NÃO ACEITA INJUSTIÇAS E QUER REVOLUCIONAR A VIDA DAS PESSOAS. A REVOLUÇÃO DE CRISTO É SILENCIOSA E NÃO SE IMPÕE POR ARMAS E MORTE. É CHEGADO O TEMPO DE VOLTAR SEU OLHAR PARA ELE. TODOS OS PODERES SERÃO CONFERIDOS A QUEM MAIS AMAR.

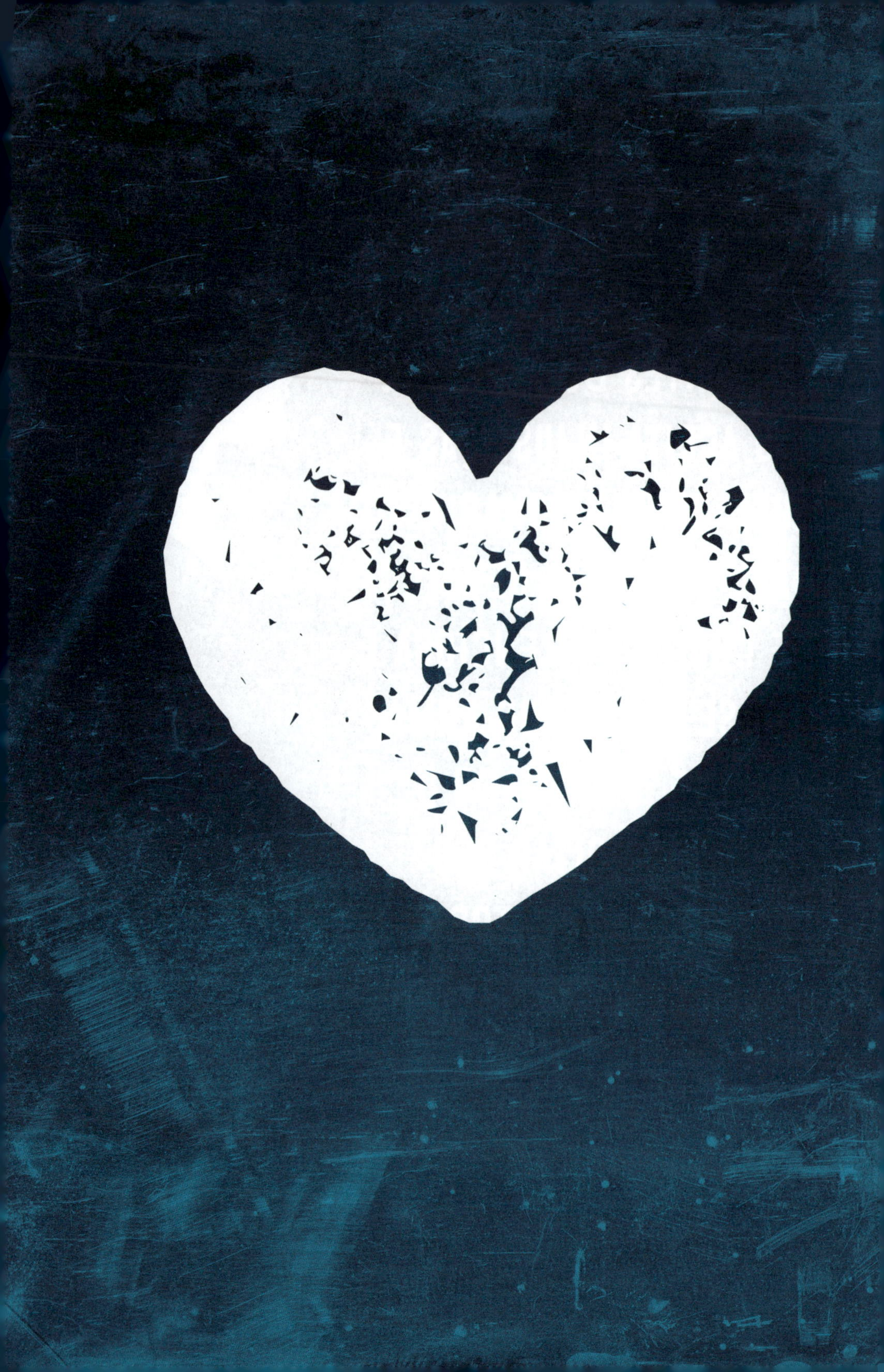

AMAI-VOS UNS AOS OUTROS COMO EU VOS AMO
– JESUS

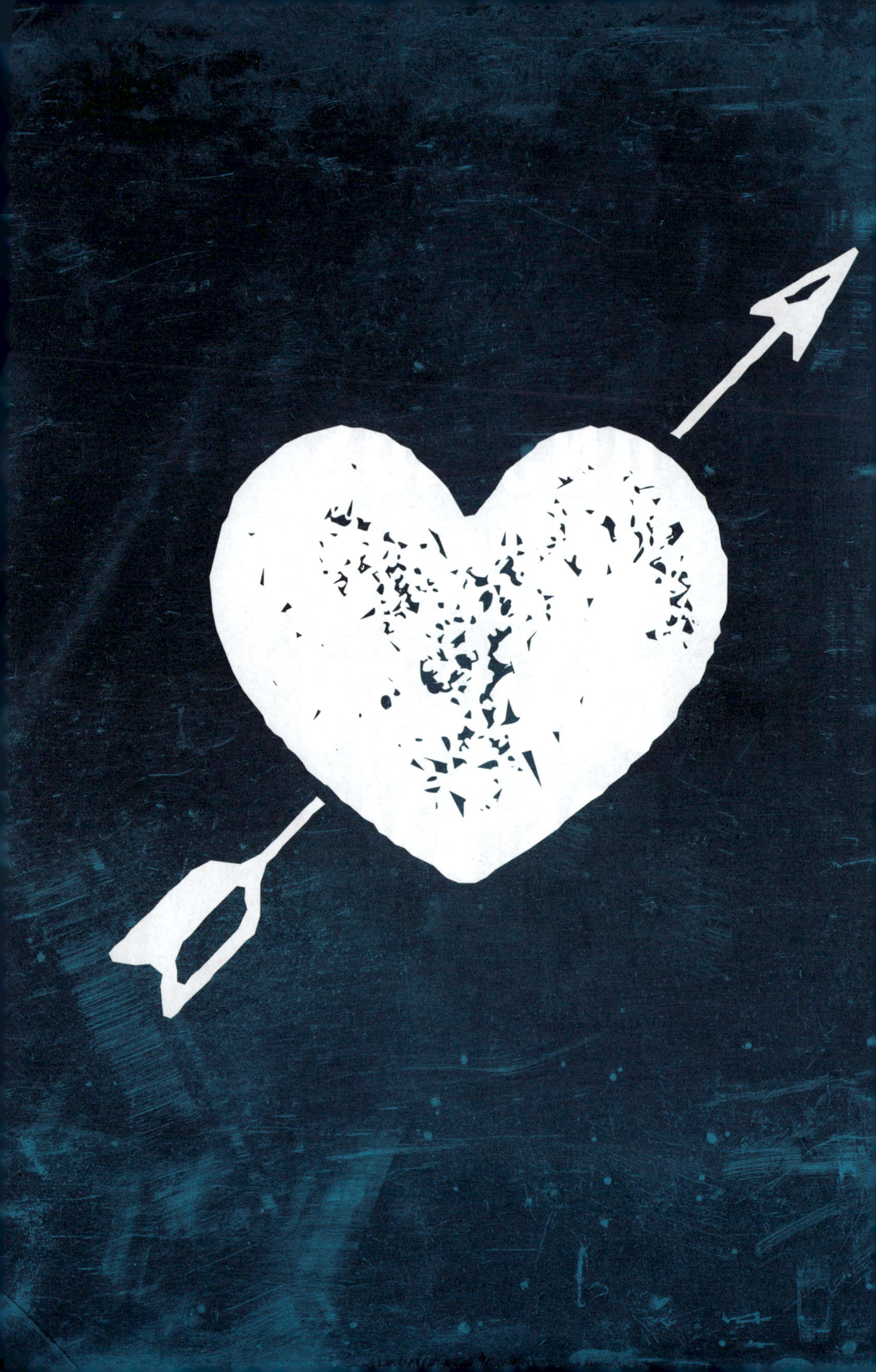

O AMOR ATIVO, NÃO SOMENTE POR AQUELES QUE SOFREM NO CÍRCULO DA EXISTÊNCIA TERRESTRE, MAS TAMBÉM PELAS ALMAS QUE VAGUEIAM EM TORNO DE NÓS, PERSEGUIDAS POR DOLOROSAS LEMBRANÇAS.
- LÉON DENIS

REFERÊNCIAS

DENIS, Léon.
O além e a sobrevivência do ser.
Trad. José Jorge.
2. ed. Rio de Janeiro: CELD, 2012.

_____.
Cristianismo e espiritismo.
Trad. Albertina Escudeiro Sêco.
2. ed. Rio de Janeiro: CELD, 2012.

_____.
Depois da morte.
Trad. Maria Lucia Alcantara de Carvalho.
3. ed. Rio de Janeiro: CELD, 2011.

_____.
O mundo invisível e a guerra.
Trad. José Jorge.
3. ed. Rio de Janeiro: CELD, 2001.

_____.
O problema do ser e do destino.
Trad. Homero Dias de Carvalho.
Rio de Janeiro: CELD, 2011.

KARDEC, Allan.
O livro dos Espíritos.
Trad. Maria Lucia Alcantara de Carvalho.
2. ed. Rio de Janeiro: CELD, 2011.

Bíblia de Jerusalém.
Ed. revista. São Paulo: PAULUS, 1985.

LÉON DENIS FALA AOS JOVENS

© 2020 BY INTERVIDAS

InterVidas

DIRETOR GERAL
RICARDO PINFILDI

DIRETOR EDITORIAL
ARY DOURADO

CONSELHO EDITORIAL
ARY DOURADO, JULIO CESAR LUIZ,
RICARDO PINFILDI, RUBENS SILVESTRE

DIREITOS DE EDIÇÃO
EDITORA INTERVIDAS (ORGANIZAÇÕES CANDEIA LTDA.)
CNPJ 03 784 317/0001-54   IE 260 136 150 118
RUA MINAS GERAIS, 1 520 VILA RODRIGUES
15 801-280 CATANDUVA SP
17 3524 9801   WWW.INTERVIDAS.COM

**DADOS INTERNACIONAIS DE CATALOGAÇÃO NA PUBLICAÇÃO
(CIP BRASIL)**

S168L

SALLES, ADEILSON [*1959].
 LÉON DENIS FALA AOS JOVENS / ADEILSON
SALLES. - CATANDUVA, SP: INTERVIDAS, 2020.

224 P. ; 15,7×22,5×1,2 CM

ISBN 978 85 60960 24 8 [PREMIUM]
ISBN 978 85 60960 26 2 [ESPECIAL]

1. EVANGELHO. 2. ESPIRITISMO. 3. JUVENTUDE. 4. COMPORTAMENTO.
5. AUTOCONHECIMENTO. 6. TRANSFORMAÇÃO INTERIOR.
7. EMOÇÕES. 8. PSICOLOGIA. 9. ESPIRITUALIDADE. 10. REFLEXÕES.
I. TÍTULO.

CDD 133.9   CDU 133.7

ÍNDICES PARA CATÁLOGO SISTEMÁTICO
1. EVANGELHO : ESPIRITISMO : JUVENTUDE : COMPORTAMENTO
AUTOCONHECIMENTO : TRANSFORMAÇÃO INTERIOR : EMOÇÕES
PSICOLOGIA : ESPIRITUALIDADE : REFLEXÕES
133.9

EDIÇÃO
1.ª CELD | 2019 | 2 MIL EXEMPLARES
1.ª PREMIUM E ESPECIAL INTERVIDAS | JAN/2020 | 8 MIL EXEMPLARES

PRODUÇÃO
IMPRESSO NO BRASIL   *PRINTED IN BRAZIL*   PRESITA EN BRAZILO

COLOFÃO

título
Léon Denis fala aos jovens

autoria
Adeilson Salles

edição
1.ª Premium e Especial

editora
InterVidas [Catanduva SP]

ISBN
978 85 60960 24 8 [Premium]
978 85 60960 26 2 [Especial]

páginas
224

tamanho miolo
15,5 × 22,5 cm

tamanho capa
15,7 × 22,5 × 1,2 cm
[orelhas de 9 cm]

capa
Ary Dourado

revisão
Beatriz Rocha

**projeto gráfico
e diagramação**
Ary Dourado

composição
Adobe InDesign CC 15.0.1
x64 [Windows 10]

tipografia capa
[Albatross]
Microbrew ThreeD [40; 50; 120]
Microbrew Three [36; 24]/24

tipografia texto principal
[FontFont] Meta Pro Book 12/16

tipografia citação
[FontFont] Meta Pro Bold 10/16

tipografia epígrafe
[FontFont]
Meta Pro Bold 12/16
Meta Pro Black 9/16

tipografia nota de rodapé
[FontFont] Meta Pro Book 10/16

tipografia olho
[Albatross] Microbrew Three 24/32

tipografia títulos
[Albatross]
Microbrew Three 36/32
Microbrew ThreeD 80/80

tipografia ornamentos
[Albatross]
Microbrew Ornaments
MicrobrewUnicase Ornaments

tipografia fólio
[Albatross] Microbrew Three 13/16

tipografia dados e colofão
[Albatross] Microbrew Three 10/12
[FontFont]
Meta Pro Book 9/10,5
Meta Pro Bold 9/9

mancha
103,3 × 162,5 mm,
29 linhas, 2 colunas
[sem fólio]

margens
17,2 : 25 : 34,4 : 37,5 mm
[interna : superior :
externa : inferior]

papel miolo
ofsete Suzano Alta Alvura 75 g/m²

papel capa
papelcartão Suzano Supremo
Alta Alvura 300 g/m²

cores miolo
2 × 2
Preto escala
Pantone 320 U
[CMYK 100 : 0 : 35 : 2]

cores capa
4 × 2
CMYK ×
Preto escala e Pantone 320 U

tinta miolo
Seller Ink

tinta capa
Seller Ink

pré-impressão
CTP em Platesetter Kodak
Trendsetter 800 III

provas miolo
HP DesignJet 1050C Plus

provas capa
HP DesignJet Z2100 Photo

impressão
processo ofsete

impressão miolo
Heidelberg Speedmaster SM 102 2P

impressão capa
Komori Lithrone S29

acabamento miolo
cadernos de 32 pp.,
costurados e colados

acabamento capa
brochura com orelhas
laminação BOPP fosco
verniz UV brilho com reserva

pré-impressor e impressor
Lis Gráfica e Editora [Guarulhos SP]

tiragem
8 mil exemplares

tiragem acumulada
10 mil exemplares

produção
janeiro de 2020

FSC
www.fsc.org
MISTO
Papel produzido
a partir de
fontes responsáveis
FSC® C112738

A marca FSC® é a garantia de que a madeira utilizada na fabricação do papel deste livro provém de florestas que foram gerenciadas de maneira ambientalmente correta, socialmente justa e economicamente viável, além de outras fontes de origem controlada.

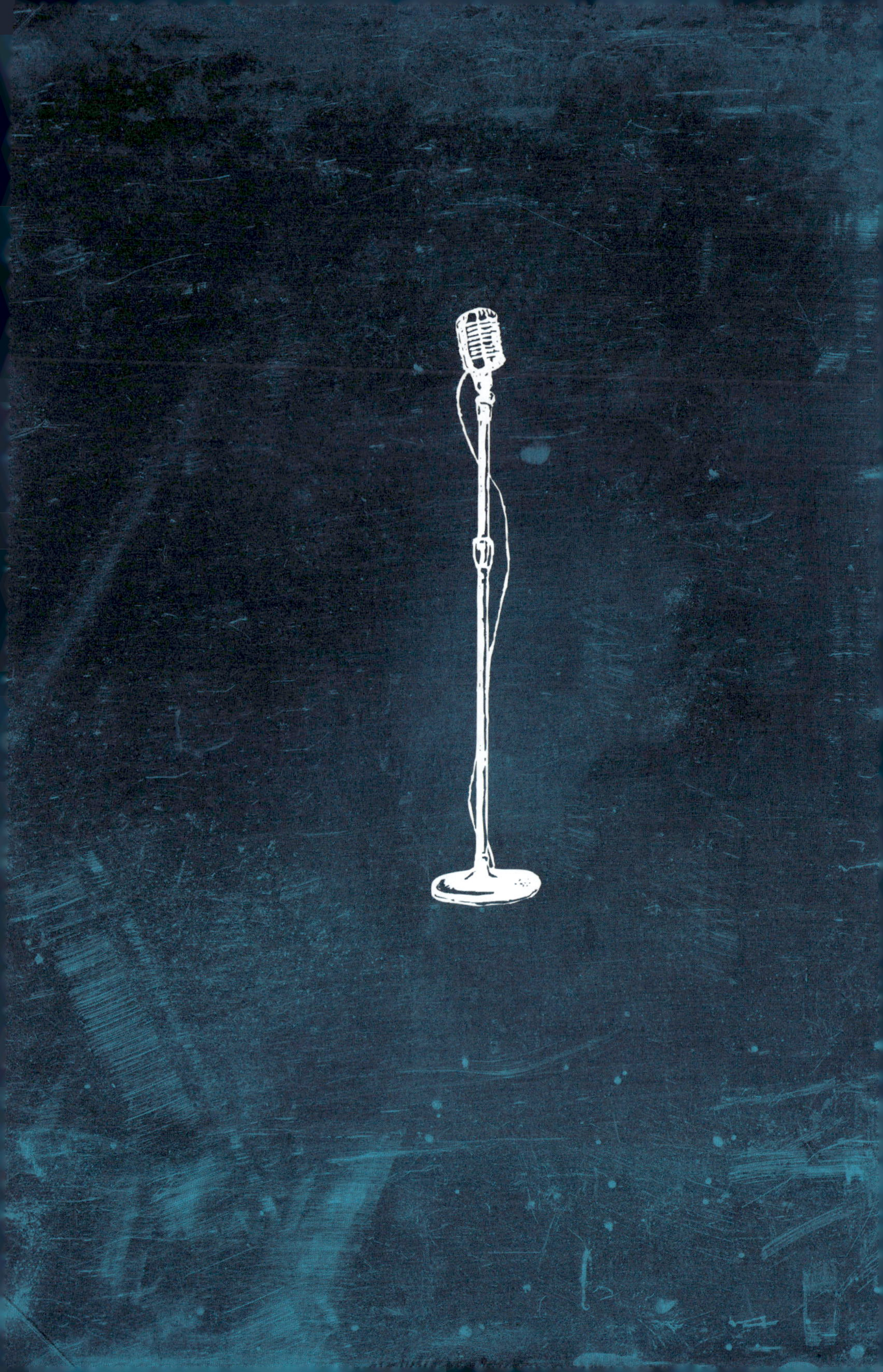

LÉON ★ DENIS
FALA AOS
JOVENS

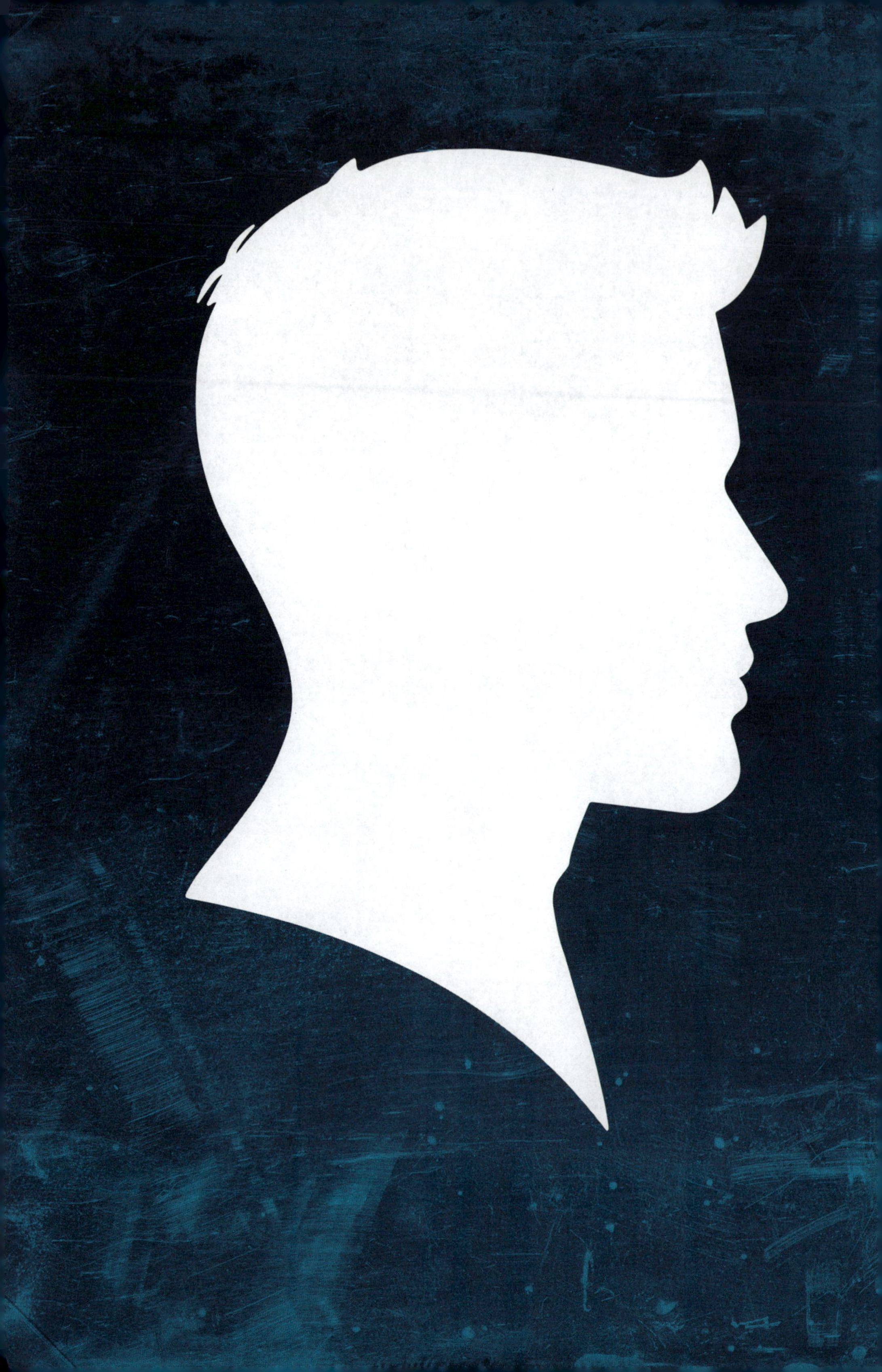